관상 봐줄까?

看臉時代

七秒解讀你的性格密碼

Team. StoryG 著
呂宜蓁 譯

目錄

i. 你的第一印象　從五官來判斷——面相基礎篇

01. 眼睛大小	8	12. 耳朵角度	30
02. 眼尾角度	10	13. 眉毛長度	32
03. 鼻子大小	12	14. 眉毛高度	34
04. 鼻樑高度	14	15. 眉毛光澤度	36
05. 鼻孔大小	16	16. 眉毛連結度	38
06. 鼻翼大小	18	17. 眉型走向	40
07. 嘴巴大小	20	18. 下巴形狀－1	42
08. 嘴唇厚度	22	19. 下巴形狀－2	44
09. 嘴唇形狀	24	20. 額頭高度	46
10. 耳朵大小	26	21. 臉型五大類	48
11. 耳朵高度	28		

ii. 更深入了解你　面相組合實戰篇

01 眼睛大小與鼻子大小 ……… 56
實戰案例 道格拉斯・麥克阿瑟（美國五星上將）

02 眼睛大小與嘴巴大小 ……… 61
實戰案例 唐納德・川普（美國第45、47任總統）

03 眼睛大小與眉毛高度 ……… 66
實戰案例 約瑟夫・史達林（前蘇聯總書記）

04 眼睛大小與眉毛走向 ……… 71
實戰案例 孫元一（韓國首任參謀總長）

05 眼尾角度與眉尾走向 ……… 76
實戰案例 湯瑪斯・愛迪生（美國發明家）

06 鼻子大小與鼻樑高度 ……… 81
實戰案例 呂運亨（韓國獨立運動家）

07 鼻子大小與鼻孔大小 ……… 86
實戰案例 貝尼托・墨索里尼（法西斯主義創始者）

08 鼻子大小與鼻翼大小 ……… 91
實戰案例 理查・布蘭森（維珍航空創辦人）

09 鼻子大小與嘴唇厚度 ……… 96
實戰案例 申采浩（韓國獨立運動家）

10 鼻子大小與眉毛連結狀況 101
實戰案例 伊隆・馬斯克（特斯拉創辦人）

11 鼻子大小與額頭高度 ……… 106
實戰案例 霍華・休斯（美國商業大亨）

12 鼻樑高度與鼻孔大小 ……… 111
實戰案例 史蒂夫・沃茲尼克
　　　　（Apple 共同創辦人）

13 鼻樑高度與耳朵大小 ……… 116
實戰案例 比爾・蓋茲（微軟創辦人）

14 鼻樑高度與下巴形狀 ……… 122
實戰案例 柯蒂斯・李梅（美國空軍上將）

15 鼻樑高度與額頭高度 ……… 127
實戰案例 鄭周永（韓國現代集團創辦人）

16 鼻孔大小與鼻翼大小 ……… 132
實戰案例 沃倫・巴菲特（美國投資大師）

17 鼻翼大小與嘴唇厚度 ……… 137
實戰案例 白石（朝鮮詩人）

18 鼻翼大小與眉毛長度 ……… 142
實戰案例 亨利・季辛吉（美國前國務卿）

19 嘴巴大小與嘴唇厚度 ……… 147
實戰案例 艾瑞克・施密特（Google前執行長）

20 嘴巴大小與耳朵大小 ……… 152
實戰案例 巴拉克・歐巴馬（美國第44任總統）

21 耳朵大小與高度 ……… 157
實戰案例 尼古拉・特斯拉（電力推動者）

22 耳朵大小與額頭高度 ……… 162
實戰案例 羅伯特・歐本海默（原子彈之父）

23 耳朵高度與眉毛高度 ……… 167
實戰案例 史蒂夫・賈伯斯（Apple創辦人）

24 耳朵高度與額頭高度 ……… 172
實戰案例 查理・卓別林（傳奇喜劇大師）

25 眉毛長度與高度 ……… 177
實戰案例 伍德羅・威爾遜（美國第28任總統）

26 眉毛高度與額頭高度 ……… 182
實戰案例 約翰・甘迺迪（美國第35任總統）

27 下巴形狀與額頭高度 ……… 187
實戰案例 安昌浩（韓國獨立運動家）

I

從五官來判斷──面相基礎篇

第一次見到一個人時，總會有某個部位特別吸引你的目光，對吧？
那就是他的「招牌面相」。
簡單來說，也可以把它當作一種個性特徵。
例如：眼睛的大小，透露出他的自尊心強不強；
而眉毛的高度，則是公平感的指標。
面相─不只是臉上的五官，更代表了一個人的氣場和態度。
換句話說，人的性格，其實就寫在臉上。

你的第一印象！

01 眼睛大小
藏著細膩心思的大眼睛

社交高手，但心思細膩又有點小心翼翼

　　這種人常常在想別人怎麼看自己，腦袋裡不斷盤算著各種可能。他們很會察言觀色，無論是默默跟著氣氛走，還是帶動現場氣氛都很拿手。表面上看起來非常外向、善於交際，但內心其實常常擔心自己的真實想法會不小心被別人看穿。因此，意外的是，他們反而不太容易交到真正懂他們的好朋友。

你才是真正了解我一切的好朋友！

過度堅持己見的小眼睛

霸氣又堅持自我，聰明伶俐的「我行我素」型

　　這類人非常清楚自己的想法，做事優先考慮自己判斷，完全不在意別人怎麼看。他們通常頭腦很靈活，不管在哪個圈子裡都頗具分量。不過，有時候會給人一種狡猾老謀深算、像暗地裡操盤手的感覺，因此很難讓人完全信任他們。

司機大哥！你開的跟導航不一樣欸？

哼哼！你不知道我是誰嗎？我是金自走耶！

那種什麼導航指的路，我才不信呢！

我信的是我自己給的方向！

3cm

大人的眼睛橫寬大概 3 公分左右～這就像是面相界的量尺，拿來比大小準沒錯！

02. 眼尾角度
帶著微翹眼尾的積極派

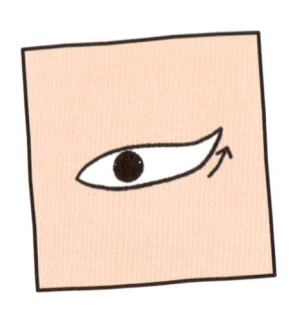

挑戰者型,充滿自信與果敢

　　這種人做事積極,無論是選班長、選組長,甚至旅行時決定臨時代表,總是第一個舉手報名。無論是國家、社會,還是公司,沒有這種人,變革就不會發生。當然,他們的智慧、判斷力、責任感與道德心也要跟得上,才能成為真正的領導者。

老師!為什麼我們班不選班長啊?

啊~你說選班長啊?

那是因為班長就是我啊!我是絕對不會讓位的!

哎呀媽呀~

眼尾往外挑的眼神,快看那眼神的方向!

低垂眼尾的溫柔謙和派

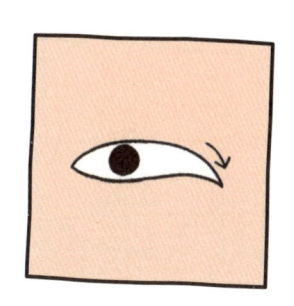

順從、小心翼翼、乖寶寶代表

　　這種人絕對不會主動跳出來當什麼領導者，連開會或上課時都盡量不出風頭、默默融入背景。因為，他們很怕被孤立或貼上標籤，所以大多會選擇做個循規蹈矩的好學生、好員工。雖然程度不同，但老實說，大多數人其實都偏向這種類型啦！

03 鼻子大小
自信爆滿的大鼻子

自傲、固執、道貌岸然型

　　這類人通常有超高的道德標準，只要自己認為不對的事，說什麼都不會做。只要鎖定了目標，就算是披荊斬棘也會衝到底。但問題是——他們的「自信」有點太滿，常常聽不進別人的建議。雖然講究正義與道德，可是那套標準……基本上就是自己覺得對，那就對了。所以偶爾會做出讓人摸不著頭緒的決定。

講究效率的小鼻子

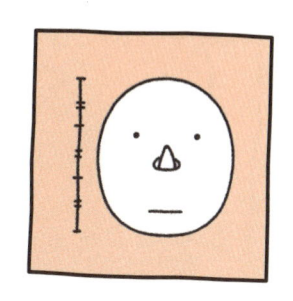

實際、聰明、有點像候鳥

　　這種人總是準備好不只 A 方案，還有 B、C 備案，眼光比別人更遠、更細膩。他們不太在意絕對的善惡，這點有時是優點，有時也是缺點。不論是策略還是陰謀都拿手，創意也不少。當領導者時，對組織來說就是理性武裝的理想領袖。

那你是不是也像大鼻子那種，做好事又做壞事？

差很大欸！

我知道我自己是壞蛋，他們還傻傻以為自己是好人咧！

這是在自誇喔？

臉部分成三等份，鼻子那區塞得滿滿的，就是大鼻子啦！

04 鼻樑高度
走路有風的高鼻子

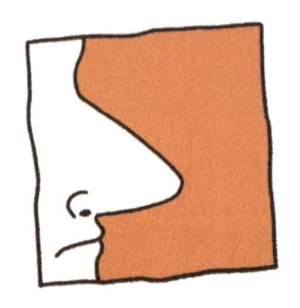

自信滿滿、勇往直前、以自己為中心

　　這種人要嘛是關鍵時刻能挺身而出的靠得住角色，要嘛就是憑空冒出一股自信，讓人覺得有點囂張。他們總覺得大家都該認同他們的重要性，腦袋裡常想著「沒有我不行！」。不過，想法跟能力有時候會落差，能力不到位的話，反而會讓身邊的人頭痛。自信滿滿地帶動氣氛，但有時候也會被說太傲慢了。

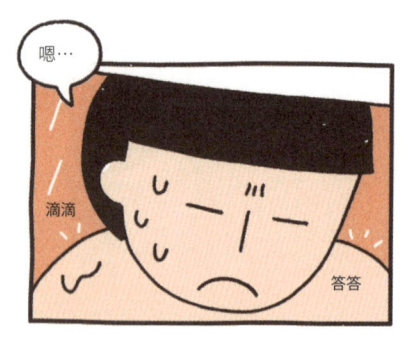

藏著敏感心思的扁鼻子

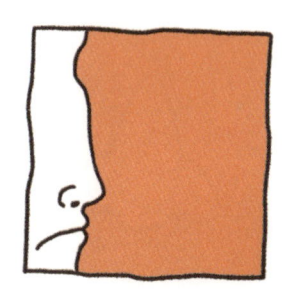

比較被動、低調又很貼心

這種人不管遇到什麼危機,都不會背叛你!不過很少把心裡話說出來,常讓人覺得他難以捉摸。他們很在意別人怎麼看自己,因此心理壓力不少,但其實私底下是個超會照顧別人的好人喔!歷史上有不少以謀略著稱的將軍,就是這類型的代表。

哇靠!查資料、做 PPT 還要報告,我們團隊真的超猛!

哼!　哼!　哼!

好啦,誰要犧牲小我、成就大組?

(眾人面面相覷)

如果鼻子的高度超過整體長度的 2/3,就屬於高鼻子!

05 鼻孔大小
笑聲大又熱情的大鼻孔

花錢大方、敢衝敢闖、愛冒險

這種人大手筆,做事講求氣勢,花錢也不手軟。做生意喜歡搞大規模,投資更是大膽出擊。當然,有時大賺一筆,但也常面臨大失敗的風險。聚餐酒錢從不計較,朋友遇到困難也樂於伸出援手。不過,冒險心強,一旦碰上賭博,可得小心了,容易上癮。

> 聽說沒?有人把斧頭丟到那池塘,結果換成了金斧頭喔!
>
> 蛤?真的假的?

> 就丟個斧頭而已啊,我乾脆丟整間房子好了!
>
> 呃……喔喔
>
> 神明啊神明,我給你舊房子,換個金屋子吧!

總是小心謹慎的小鼻孔

花錢很節省，做事很踏實

不管有沒有把握，他們都不太喜歡把事情搞得太大。習慣一點一滴地賺錢、精打細算地用錢，然後慢慢累積起來。連必要的開支都會多考慮幾下，這讓他們不太適合當老闆或投資人，但如果真要做，他們會用穩紮穩打的方式慢慢成長。雖然不常有「一夕爆紅」的大成功，但也很少摔得很慘，是標準的低風險、長期穩定型。

為了搶走朋友的房子，我在他飯裡下毒，整整十年。

十年過去了——

欸？這飯怎麼味道怪怪的？以前吃了還會嗆個兩下。

結果……他對毒產生了抗體。我放棄了房子。

…

要看鼻孔大不大，要拿整個鼻子來比才準啦～

06 鼻翼大小
穩重踏實的大鼻翼

節制、有計畫、做事超謹慎

　　這種人不亂花錢、不輕易答應別人的提議，做什麼事都會三思而後行。別人一句話不會就讓他改變決定，有時候就連事情都快敲定了，他還會整個推回去、重新思考一遍，讓人覺得有點難搞。不過他的行動力很可靠，只是……因為太謹慎，有時候反而不容易讓人一開始就產生信任感。

你在哈囉？快點啦！後面整座山都在烤肉了耶！

等一下啦……那邊真的不會GG嗎？

喂你這臭小子！給我衝啊！

鼻孔都藏起來，那就是大鼻翼啦！鼻孔一看就清楚，那就是小鼻翼～

心情決定節奏的小鼻翼

沒節制、衝動、跟著感覺走

　　順眼的事通通放行，錢也花得很豪爽，工作也不太顧慮節制。比起結果，他們更享受花錢和做事的過程。嘴巴甜的話很容易被騙，阿諛奉承也很容易上當。但在你最需要幫忙、大家都躲著你的時候，他可能就是那個會挺你、伸手幫忙的真朋友。

07 嘴巴大小
豪爽開朗的大嘴巴

超大方、樂觀又神經有點大條

　　他們胸襟寬廣，面對困難和挑戰總能大方接受，逆境反而變成力量，充滿開拓精神。處事爽快，但因為太大方，有時會忽略細節，完全不覺得緊張。連旁人的抱怨也能一笑置之，是種「麻煩人物」，最好能跟細心的人搭檔。

膽子還在睡覺的小嘴巴

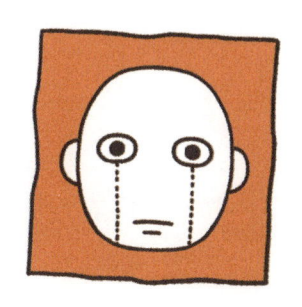

被動又悲觀，還很仔細

做事前先擔心會失敗，遇到困難時，比起行動，嘴巴先開始抱怨，是個小心翼翼的人。總是觀察周圍，不敢得罪別人。禮貌周到，節日和重要場合一定會認真參加。尤其害怕被親近的人討厭，別人交代的事情，不管多難，都會盡力完成。

眼睛正視前方，瞳孔中央有條縱線！以那條線為基準，決定嘴巴的大小

08 嘴唇厚度
嘴唇厚實的感情派

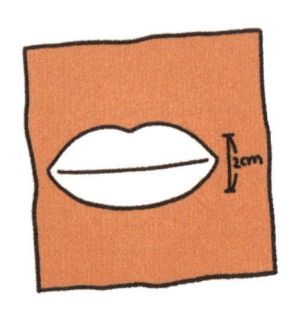

情感豐富、理解力強，但話不多

平常像悶燒鍋，一開口就超有說服力，讓人忍不住點頭說「有道理耶」。特別有同理心，別人講個難過的故事，他眼眶比主角還先紅。靠感性收服人心，朋友緣超好，走到哪都有人請喝咖啡。但～也太容易信人，什麼「這是秘密投資機會」聽了就點頭，轉眼人家賺跑了，他還在心裡想：「應該只是臨時聯絡不到啦…」。他們感性滿分不代表判斷力也滿分，該多補點理性，才不會一把鼻涕一把眼淚後還要還貸款。

上下唇加起來總共 2 公分，算是平均值喔～再看看跟整張臉的比例合不合，就搞定啦！

嘴唇薄的理性分析派

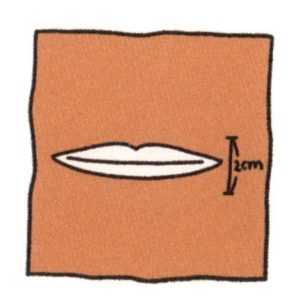

客觀、理性、講求合理

　　他們屬於客觀理性派，講話直來直往，對於感情這檔事不太放在心上，但只要講得通，連敵人的話也能點頭。雖然話不多，但說的幾乎都是事實和邏輯，連談戀愛都像在開辯論會，用理性說服對方，感性？那是別人的事。常被說冷冰冰、傲嬌代表。學問多到不容易被騙，但想讓人喜歡？那還真得加把勁了！

親愛的！你幹嘛老說分手啦？

你冷得跟冰箱一樣，我跟你在一起像跟機器人談戀愛耶！

拜託，我不同意你的論點！我才不是機器人啦。

啪滋！

我現在體溫有 36.9 度，熱到可以煎蛋了啦！

09 嘴唇形狀
超有親和力的微翹嘴角

正面、樂觀、社交高手

　　嘴角微微上揚是最可愛的好運象徵，要是再帶點氣勢更棒！特別適合政治人物、企業家或是業務高手這類天天和人打交道的職業。笑容滿面的他們，總給人一種超正面的感覺。不過啊，嘴角翹太高就變成「笑得太誇張」的那種，像是喜劇演員臉上的誇張笑容，反而讓人氣場大打折扣。說真的，那些超會騙人的高手，嘴上也都是笑哈哈，別被騙囉！

> 哇！我的嘴角都往下垂了耶？！
> 看來得用口紅幫嘴角「往上勾」一下啦！

（刷刷刷）

> 哇靠，變成小丑了啦！

嘴角下垂的苦幹實幹型

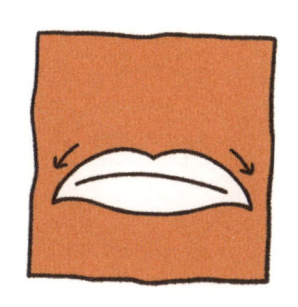

悲觀、負面但又很執著

　　這種人不太適合跟別人一起合作或需要靠人際關係成功的工作。他們總是往壞處想，害怕失敗，遇到批評就緊張到要發抖，所以喜歡躲在自己的小世界裡。不過，如果是需要獨自埋頭苦幹的人才，像學者或發明家，這種執著反而成了優點。但嘴角下垂得太誇張的話，看起來就像鬼臉，那就真的是慘了。

> 我躲在房間裡，都是因為我媽把我生成這樣啦！這嘴角垂成這樣，簡直是走路帶陰魂啊！
> 拜託，別來煩我，放我一馬好嗎？

> 沒錯，就是那種讓人火大到想拿符咒趕走的鬼怪啦，哎唷喂！

> 嘴角不管是往上翹，還是往下垂，都透露著不一樣的故事啊！

10 耳朵大小
總是懂得傾聽的大耳朵

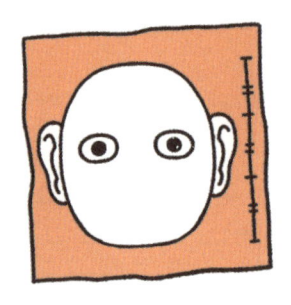

博學多聞、謹慎又善於傾聽

這樣的人連一丁點小話都不放過,聽得超仔細,想事情也超謹慎。像《三國志》裡的劉備,還有朝鮮王朝第四代君主「世宗大王」也是這類型。簡單說就是理想型領袖代表,知識豐富又會聽下屬的意見,真的很不錯!不過由於耳朵太大,有時候聽太多、想太久,反而會拖到重要決定不能及時出爐,猶豫不決也挺煩人的啦。

> 我是神燈裡的精靈!快說你的願望吧!
>
> 黃金!你快去幫我弄一堆黃金回來!
>
> 大約一噸就可以!

> 嗯,要是我答應這個願望,現在的金價就要被搞亂了!等一下,讓我去問問其他的神燈精靈先……
>
> ……?
>
> 咻~

> 把臉從中間橫著切成三等份,耳朵剛好塞滿中間那塊區域的,就算是大耳朵啦!

自我主見很強的小耳朵

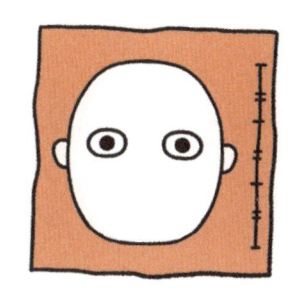

狂熱派，主觀又有自己想法

他們不太愛聽別人說話，聽了也常常自己亂解讀。領導力可能不太夠，但藝術家裡頭常有這類型的人。換句話說，這種人很有創意、很有自己的一套。不過，前提是他們真的聰明、有真才實學，否則自以為是的話，很容易變成牆頭草。

我真的受夠你了！

蛤？你說什麼？！

受夠你 → 一看到你就煩 → 因為你我快瘋了 → 所以我愛你啦

…好啦，我也愛你。

???

＊這種嘴硬心軟、講話繞三圈才說出真心話的感覺，是不是很熟悉。

11 耳朵高度
專注力 100% 的高耳朵

專注到讓人害怕的學者型人格

這種人對知識的渴望,簡直就像貓看到紅點,會一直追、一直追、一直追!不管是冷門的小興趣還是艱深的學問,只要愛上了,就會整個人跳進去、鑽到底。是那種「結婚後還整天關在實驗室」,或是「明明發現了驚天大秘密,卻沒人注意」的類型。但缺點就是,只對自己感興趣的事情認真,其它事?不好意思,完全沒在管!朋友約吃飯、家人叫吃藥,全都自動靜音。

眉毛是參考線!當你看側臉時,如果耳朵位置比眉毛還高,那就叫「高耳朵」啦!

什麼都想試試的低耳朵

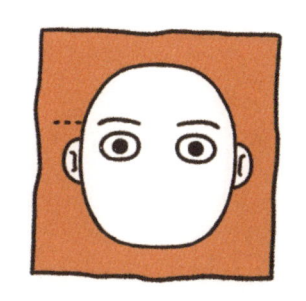

最會看場合行動的社交潛力股

沒高聳耳朵的都算「低耳朵」啦！這種人天生不是那種能一頭栽進事情、專心到底的類型，要成功可是得多靠後天努力。雖然程度有高低，但說真的，大部分人都屬於這種普通派。連被稱作「超級有智慧的神人」世宗大王，他的耳朵也不是特別高呢！

> 看吧？
> 一般人真的很難專注在一件事上。
> 我也是這樣，
> 你懂嗎？

> 對不起，放過我吧！

這兩件事能混為一談嗎？你這個劈腿渣男！

12 耳朵角度
容易被動搖的招風耳

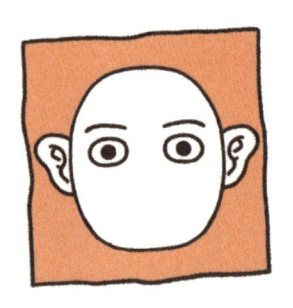

先聽完再說話的被動型傾聽者

　　超級愛聽人講話的耳朵，聽得可真是太仔細了！但有個小問題，就是吸收資訊超級慢，經常把別人說的東西當成廣告文案，自己的主見不太夠，常被人牽著鼻子走。好消息是，這類人很少變壞，不會亂解讀別人話，也不會愛搬弄是非。像宗教界很多人就有這種耳朵，雖然主見不強，但因為有信仰撐腰，能好好聽別人說話，這點還滿值得稱讚的！

哎唷，你這耳朵是怎麼了啦？

沒啦，聽說招風耳不太好……

有人跟我說，黏起來就不會是招風耳！所以我就……

挖哩！果然還是招風耳～

躲起來偷聽的隱形耳

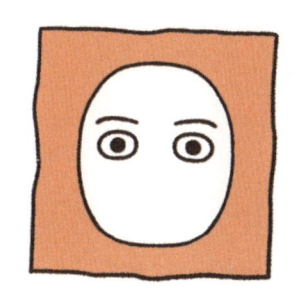

固執己見的創意怪咖

　　這裡說的就是那種死不聽人說話的固執鬼。講什麼他都裝聽到，結果私底下一查，發現根本是在亂解讀。這種人超難認錯，硬是要堅持自己的說法不動搖。優點是主見超級明確，絕對不被風吹草動影響。他們的想法通常不靠別人，但超有創意又有革新精神。這種人多半是藝術家或工匠類型，專屬硬派個性代表！

歡迎歡迎！我們這裡可是請來了指甲藝術大師哦～

欸？真的假的？呵呵！

哪裡啦！不是這個啦！

蛤？

你只要正面看，耳朵露出多少就能判斷了！其實大多數人都介於這兩種之間啦，沒有那麼極端喔～

13 眉毛長度
人緣好的長眉毛

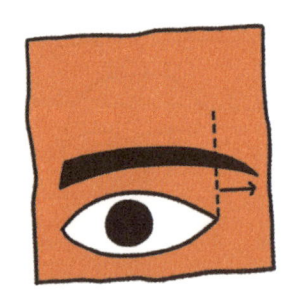

社交高手但猶豫不決的細心派

這種眉毛的人朋友超多,一有麻煩事,第一反應就是找人幫忙。開會時也不愛硬拗自我意見,喜歡當個和事佬,努力調和大家的看法。缺點就是推動事情不太有勁,而且很怕得罪人,遇到困難時,常常靠著別人撐場面。

孤高又正義的短眉毛

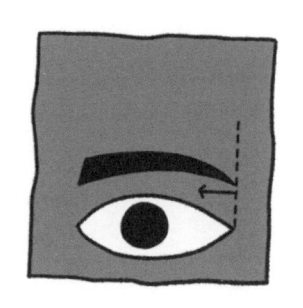

不合群卻有主見的獨行俠

　　這種人最經典的特徵是「不太在意別人的眼光」。有難關！沒在怕的，自己全扛下。只要看到不公不義的事情，絕對是第一個跳出來開戰！就算對象是多年老友、親戚，甚至父母長輩，也一樣照罵不誤！他們的優點就是正直、分得清公私、毫不妥協。但缺點也就是，個性真的太剛直，剛直到讓人想問「你是覺得全世界就你最正義喔！」。有這種眉毛的人，十之八九都是職場裡的「自帶正義光環的獨行俠」。

＊怒氣衝天，眉毛還是要量得精準！

（冷靜分析）眉毛長不長？就看它超出眼睛的距離啦。

14 眉毛高度
沒有偏見的高眉毛

公平公正，冷靜理智到讓人誤會

他們心思細膩。為人處事不帶一點偏見。遇到吵架的場合也不急著嗆聲，反而會冷靜得像個開法庭的裁判，默默分析「所以你是 A 觀點、你是 B 觀點，那我來從 C 到 Z 觀點客觀地看一下…」，連檢討自己都超冷靜，從來不會「我就是這樣啦」這種耍賴台詞，完全不鑽牛角尖。但就是因為太冷靜、有邏輯、有原則，身邊的人可能會覺得「欸？你有在在乎我嗎？」，因此他們容易被捲入其他人的猜忌、嫉妒與陰謀之中。

照顧自己人的低眉毛

溫暖又有主見的忠誠守護者

他們的視野雖然沒那麼寬,但「自己人」永遠擺第一!無論處於哪種狀況下,他們做事都優先考慮自己和「自己人」的利益,有時候會忘了大局與本分在哪。但只要進了自己人的圈子,他們對你絕對愛得超深,加上忠誠滿滿,絕對是你最信得過的夢幻夥伴!

> 欸?你們都跑哪去了啦?
> 我明明就對「自己人」很好啊?

> 喂喂!拜託幫我們開個門啦!
> 叩!叩!
> 你居然換密碼啦?那我們要怎麼進去啦?!

眉毛和眼睛之間的距離比手指還寬,那就是「高眉毛」啦!

15 眉毛光澤度
親切又有光澤感的眉毛

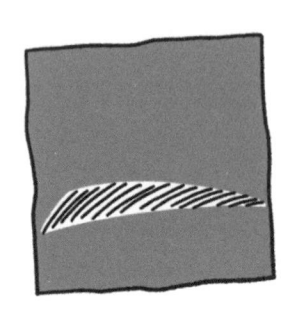

人緣超好，貼心又親切的社交高手

這種眉毛的人，跟人相處很有人情味，超級親切又討喜。說白話就是人緣好到不行，臉上氣色也讓人感覺舒服，遇到誰都能秒變朋友。超適合做業務、銀行員、客服這種需要大量接觸人的工作。眉毛粗細也要一起看，眉毛越粗的人通常比較死腦筋，眉毛細的則比較隨和自在。

果然是金科長！不管多難搞的客人，都能輕鬆搞定，厲害！

哈哈，哪有啦～

你真的最棒！

以後這種難搞客人就交給你處理。

蛤？

奧客處理部

＊意思是固執己見的人。

幹話少但實在的乾眉毛

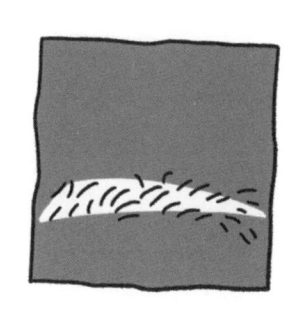

不善言辭,辦公室裡的誤會製造機

　　這種人跟人相處時態度很公事公辦,不太會說話,很容易讓人誤以為他冷冰冰、不太友善。但其實他只是表面看起來這樣,真實個性還得看其他特徵。畢竟眉毛的光澤只影響第一印象,第一印象和真實個性常常差很大。

我以為我不會被傷害耶!這什麼奧客處理部啦!

真讓人心疼啊……

真的很心疼,得好好給他打打氣才行!

金科長你對那種事不會在意的啦,放輕鬆!

我說,我真的會受傷欸!

不是啦,我是想說……

眉毛也像頭髮一樣,有時會油亮光滑,有時卻乾乾枯枯的!

16 眉毛連結度
斷眉說變就變的善變派

以自己為主，點子多但常變臉

這種人對人的態度變化比天氣還快。昨天還熱情打招呼，今天可能就一臉「你誰啊？」但其實問題不在對方，是他自己的心情在搗蛋。這樣的眉型，特別常出現在藝術家、科學家、發明家這類人身上，想法獨特、腦袋很靈光，在職場上也常看到這種「奇人」。雖然有時候讓人摸不著頭緒，但現在反而會被當成是有趣又有創意的代表人物～只不過，當朋友的話……就需要一點耐心啦！

> 這首是我 KTV 必唱神曲！
> 我要秀一下實力！

> 好～那直接跳過前奏！

> 啊，我就是為了聽前奏才點的欸！
> 真是白目！
> 算了，我不唱了。

> 啊～不是說是你必唱的嗎……

> 只要左邊、右邊，甚至兩邊都有中斷，那就是「斷掉的眉毛」！哪怕只斷一邊，也算數喔！

眉毛完整的執著派

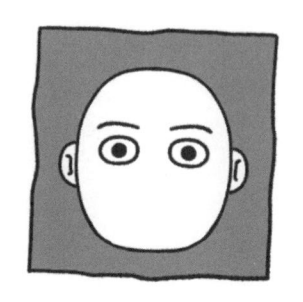

堅持教條,教課書上的老好人

　　這種人做人做事都很一致,待人親切、不亂發飆,堪稱眉毛界的模範生!只要你沒惹毛他,他就能當你一輩子的神隊友。不管是當同事、合夥人還是室友都超適合。但要是你哪天被他列入黑名單,基本就玩完了,很難洗白。他們缺點嘛〜就是有點不懂玩樂。去旅行只會按觀光書一個景點一個景點跑,連迷路都不迷路的那種;安全感滿分,但刺激感零分。

17 眉型走向
帶著勝負魂的上揚眉尾

敢衝敢拼，自尊心強烈的勝負狂人

　　這種眉型給人一種積極向前、非常有自尊心的感覺，同時帶有不服輸的鬥士氣質。很適合需要競爭的職業，特別是運動員中常見這種眉形。不過如果缺乏智慧的支持，也可能變得魯莽衝動。像嘴唇一樣，眉毛筆直伸展象徵著堅定的意志和男子氣概。

善解人意的下垂眉尾

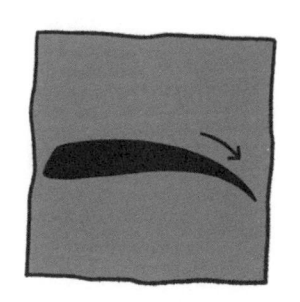

低調不出頭，默默付出的好夥伴

　　這種人比較保守，不愛搶風頭，也不喜歡跟別人唱反調。他們不太愛冒險，但做事很有恆心。做什麼事情都不容易失敗，但有時候會讓人覺得有點死板。用打仗來比喻的話，他就是那種不愛玩花招，死守教科書戰術的策略家。

哈哈哈，股票賺錢秘訣？我這招絕了！

真的假的？快說來聽聽！

超簡單，低價買進，等它漲高再賣掉，賺翻天！

哇！真。的。很。實。用。

你眉毛的尾端是高過眉頭，還是低過眉頭呢？

18 下巴形狀－1
包容力十足的寬下巴

氣質優雅、意志堅定的包容派

　　無論是人還是事，他們都能接納並包容。受到恩惠會以恩惠回報，遇到不愉快的事情也能泰然處之。這種包容力來自於堅強的意志。這類人即使成功，也不輕易結怨，常被稱為有氣質的人，朋友很多，友情長久。但另一方面，也容易成為有惡意之人的目標。

我真是超級幸運耶！
這麼多朋友圍著我，
感覺自己像個大明星！

哈哈哈　　哈哈哈

看來他身邊永遠熱鬧滾滾，人氣爆表！

人脈這麼廣，肯定常常有人請吃請喝吧？

重點不是下巴的長度，
而是寬度才是關鍵！

決不放過機會的尖下巴

目標鎖定就不放手的計算型狠角色

他們心胸狹窄，連一點損失都不願意吃虧。別說回報恩情了，反而把別人的恩惠當成利用的機會。雖然感覺像是小混混壞蛋，但在商場這種競爭激烈的環境裡，這樣的性格其實很常見。機會絕對不會放過，正因為這樣，這種人常常能成功。人際關係上可能不太讓人信任，但他們算得精準，反而成為可以倚靠的對象。

現在這個時代，背叛可是必備技能！

誰來我都敢背，保證讓你吃驚！

結果呢？
驚人的是，居然沒人理他。

媽媽，那個大叔好像被孤立了耶。

噓！這種話只准你心裡想，別說出來。

19 下巴形狀－2
有同理心的圓潤下巴

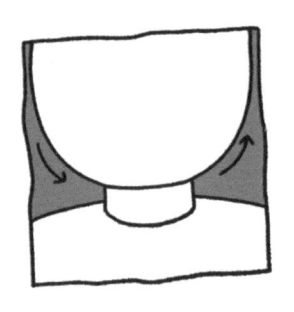

體貼又大方，做人講原則的溫厚派

這種人表裡如一、個性圓融、心胸寬廣，他們不會為了雞毛蒜皮的小事斤斤計較。即使吃了點虧，也不會動怒，總是以無私的態度對待他人，臉上常掛著親切的微笑。雖然當下可能不會獲得什麼實際好處，但最後往往是笑到最後的那一位，在面相學中也是所謂的「晚景好」的好面相。不過要注意的是，如果太過老實無防備，可能會讓人覺得好欺負，變成別人口中的「冤大頭」。

爸！那就只是一個分數而已啦～人生有比這重要一百倍的東西耶！

很好！那我就照你分數的數字來揍你幾下。

愛的教育

啊～爸請手下留情啊！

正氣凜然的方正下巴

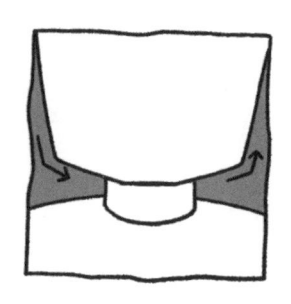

小心到有點龜毛的原則控

這種人看起來很尖銳，內心很難忍受不順眼的事情，凡事都要分個明明白白是非對錯。乍看之下像是公正無私的正義使者，但其實他們的「正義標準」常常只是為了自己的利益而設的。如果是警察、檢察官、法官這類公職人員，那還能接受，因為他們的規則已經寫好了，不太會亂來。但最糟糕的是，他們會披著正義的外衣，暗地裡卻只顧自己撈好處，成了假正經的偽君子。總之，遇到這種人，要小心他們的「正義感」是不是只看得到自己的利益。

> 世界真爛透了！乾脆來場革命，把一切翻轉過來吧！
>
> 好～

> 世界應該由正義的人來掌管！
>
> 說真的，以我來看，我才是最正義的那個！

這裡看的重點是「下巴的形狀」，是偏方還是偏圓。

20 額頭高度
社交雷達靈敏的高額頭

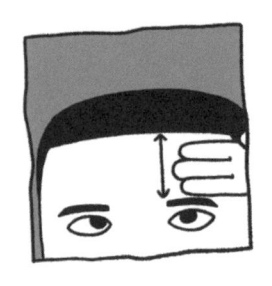

機智幽默的社交達人

他們思維開闊，想像力十足，擅長與人打交道。這種額頭特徵常見於企業家和藝術家，他們不拘泥於原則，擁有跨領域的人脈與創意。然而，他們不太會從零開始創造新事物，而且雖然手腕靈活，但缺乏耐心，容易感到厭倦。

專注力超強的低額頭

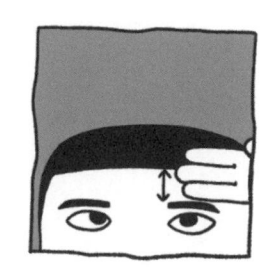

專業、行動、專注，三合一的效率高手

他們雖然額頭不高，但擁有「深思熟慮」的能力是最大武器。他們有毅力，執行力強。與其講究交情，更喜歡帶著明確目標去認識人，因此這種額頭特質常見於技術人員和政治人物。不過，專注力強的同時，可能會忽略身邊的人與現實狀況。

大家都說我玩不好這個「眼力遊戲」遊戲！

今天我就要打破這個魔咒！

這沒有兄弟只有勝負！

2！

3！

……

用食指、中指、無名指！這三根手指的寬度，就能看出你的額頭是高還是低喔～

21 臉型五大類
直來直去的火型臉

感性又純真的活力藝術家

這種臉型的人情緒多變，表情也藏不住，真是心直口快的代表！通常擁有清澈純真的性格，在藝術家裡特別多見。因為個性活躍，演藝圈裡也經常能看到這樣的面孔。他們的臉和身形通常都比較苗條，皮膚透明帶點微紅，好像剛運動完氣色特別好。這類人特別喜歡帶點苦味的食物。

沉穩智慧的木型臉

高貴優雅又智慧滿滿的學者派

　　這類人腦袋動得快,知識一籮筐,還很會靈活運用,根本就是古人筆下「完美儒士」或理想文官的化身。不只適合走學術派路線,搞藝術也照樣大放異彩!在外型上,他們臉型修長、身形挺拔,五官清秀端正,一整個給人「書香世家出身」的穩重感。而且他們有個特別的口味喜好—偏愛酸味!什麼檸檬塔、優格、柚子醋通通來,吃起來就像在刺激靈感神經。

聰明又靈活的水型臉

機靈幽默但不搶風頭的策略高手

這類人腦袋轉得快,點子多到冒煙,理解力超強!臉圓圓的,給人一種厚實踏實的感覺,體態也偏豐滿。不過整體氣質稍微有點邋遢,走路時還常帶點駝背,像是在偷偷盤算什麼小計謀。而且他們特別愛吃鹹味的食物,鹹鹹的滋味最對味!

我是水型人,擅長出奇制勝的聰明小鬼!沒有什麼難關是我過不了的,畢竟我就是聰明絕頂嘛!

再往上點!耍小聰明可要加碼一組喔~!

呃呃…

堅毅與正義的金型臉

剛直正義、堅忍不拔的軍人氣息

　　個性剛直堅定又充滿正義感，讓人第一時間想到軍人或警察。表裡如一，講信用，有種可靠的信賴感。臉型偏方正，輪廓分明，體格無論大或小，整體給人堅實穩重的印象。喜歡吃辣味食物，辣辣的最對味！

謹慎又踏實的土型臉

謹慎誠信又從容的老練商人

不偏不倚，始終堅持中庸之道。說話謹慎，不輕易透露真心話，也不輕易說謊。是一位以誠信與謹慎聞名的理想商人。臉型圓潤豐滿，脖子短而結實，身材略顯豐腴。嘴巴與鼻子都較大且厚實，手腳也有份量感。聲音低沉渾厚，帶著沉穩的磁性。非常喜歡甜食。

…啊，輪到我了嗎？

嗯，不用了，已經夠了。

以上就是關於臉部面相
的基本介紹！
不過你知道嗎，如果把各種
面相的五官特徵混合在一起
會是什麼樣子呢？
我們下個章節就來揭曉！
快跟上我吧！

II

組合搭配看面相——實戰篇

當一個人擁有兩種以上的氣質特徵時,
這些特徵會交織影響他的行為模式。
簡單來說,就是我們常說的「性格」。
我們當然可以用性格來評價一個人,
但更重要的是——透過性格來理解一個人。
而性格,正是面相學的根本,也是全部的關鍵所在!

更深入了解你!

01. 眼睛大小與鼻子大小

　　眼睛與鼻子，是觀察一個人行動風格與目標驅動力的關鍵部位。面對挑戰時，有人先衝、有人先想、有人靠感覺、有人靠邏輯。這些行動風格，往往能從眼睛與鼻子的組合看出端倪；這兩個部位，其實是觀察一個人目標驅動與行動傾向的關鍵線索。一般來說，眼睛小的人自尊心強、行事冷靜，擅長理性分析與謀略布局；眼睛大的人則容易被情緒牽動，更看重人際連結與直覺判斷。至於鼻子，則代表一個人的推進力與行動意志，鼻子大的人目標感強、行動力高，遇到阻礙也能強勢推進；只是偶爾容易過於自信，讓判斷偏離現實；鼻子小的人較謹慎內斂，做事步步為營，不輕易冒險。當眼睛與鼻子的大小交錯排列，也就形成了四種風格各異的行動類型，從衝鋒型的熱血冒險者，到審慎計畫的理性謀士，端看這兩部位的搭配組合。

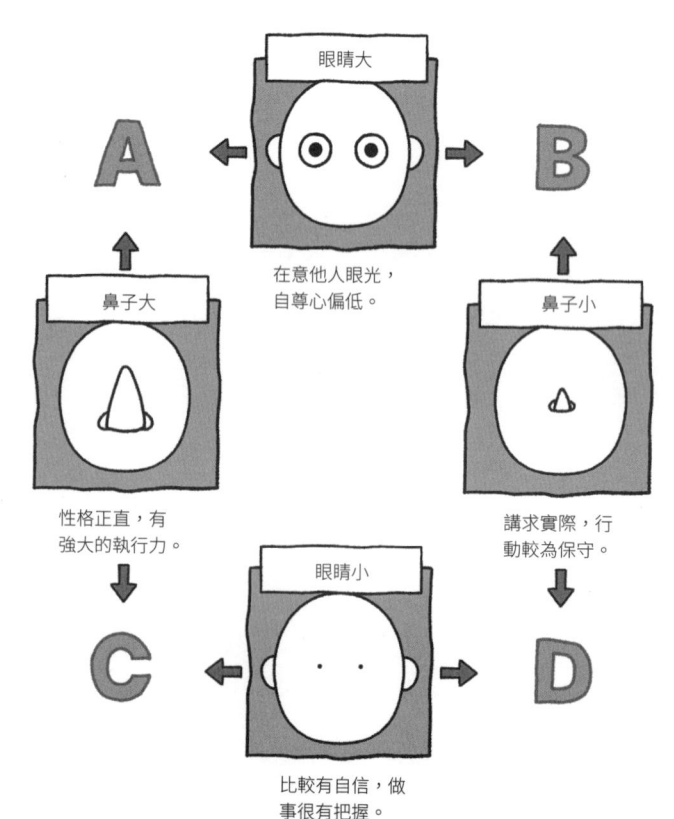

眼睛大
在意他人眼光，自尊心偏低。

鼻子大
性格正直，有強大的執行力。

鼻子小
講求實際，行動較為保守。

眼睛小
比較有自信，做事很有把握。

A　B　C　D

A. 眼睛大鼻子大：熱血衝鋒的內心小劇場型

這類人外放行動力十足，衝勁強、願景明確，做事總是全力以赴、氣勢如虹，彷彿沒什麼能擋得住他。不過實際上，他們總是看起來信心滿滿，其實內心常浮現「這樣真的行嗎？」即使外表看來堅定，內心卻常為成敗而焦慮。他們就是那種在提案時侃侃而談，熱情打動全場，但一轉身回座位卻緊皺眉頭、開始懷疑「剛剛那段我是不是講太滿了」的人。他們適合站在第一線激勵團隊，但最好身旁有一位穩定支持的幕僚搭檔。

B. 眼睛大鼻子小：細膩多思的理智顧問型

這類人感受力豐富、觀察敏銳，但因推動力不強，行動上總是小心翼翼。他們很少衝第一，卻總能在一旁看見別人忽略的可能性，一層層分析每個決策的變數與風險，然後靜靜把這些備案放在一旁，等著有人來參考。他們不急著主導全局，而是擅長守住分析角色，確保團隊少走彎路。他們就是那種在開會時安靜做筆記，等大家激烈爭論完，才淡淡說一句「如果這個做法有疑慮，我這裡也列了幾個替代方案」讓整場氣氛瞬間安靜下來、重新聚焦。因此，他們是那種關鍵時刻能拋出一顆救命浮球、讓整個專案起死回生的人。

C. 眼睛小鼻子大：意志強烈的衝鋒決策者

這類人行動力極強、自信滿滿，做決定果斷直接，不需要依靠他人認同，只要自己認定方向正確，便會一股作氣衝到底。他們具備清晰的信念與高度自尊，善於用自己的邏輯說服自己，也習慣用同樣的邏輯推動整個團隊。他們不容易動搖、也不太懷疑自己，面對質疑時更傾向加倍強硬地捍衛立場。不過，這樣的堅定若缺乏外部回饋，也容易落入自己定義成功的邏輯迴圈。他就是那種一拍板就直接喊出「就這樣決定，不用再討論」，讓會議空氣凝結五秒的人。他們適合擔任主導變革的推動角色，只要身邊有扮演「踩剎車」的人就能發揮最大效能。

D. 眼睛小鼻子小：審慎理性的高效執行者

　　這類人自信內斂、邏輯清晰，是那種一旦確立目標就能以最短路徑完成它的人。他們不憑感覺行事，也不輕易搖擺，凡事講求規劃與效率，能在複雜狀況下迅速理清選項、挑出最穩妥的一條路。但也因為缺乏壓倒性的氣場與主導力，他們不是領頭衝刺的人，反而是常在旁觀察全局、安靜補位的人。通常就是那種不在會議上搶話、也不熱衷站 C 位，但往往是最先把方案整理好、流程拆解清楚、效率最高、也最少出錯的人。因此，他們是團隊裡的穩定器，少了他，整體節奏很容易出現失衡。

道格拉斯·麥克阿瑟（美國五星上將）
Douglas MacArthur, 1880-1964

自信滿滿又有點倔強，
結果反而絆住自己腳的傳奇指揮官

自信與執行力的矛盾
眼睛小 X 鼻子大

　　麥克阿瑟的確是個本事了得的人，這可不是空口說白話，而是實打實的戰績證明。他從軍校畢業時，成績名列第三，靠著出色的領導力、敏銳的戰略眼光，以及親上火線的勇氣，在第一次世界大戰中獲得了十五面獎章—真的是個不怕死的英雄。

　　年輕時擔任指揮官，他從來不只有在後方下命令，而是親自衝鋒在前，連鋼盔、防毒面具都不戴，就跟著士兵一起往前衝。戰爭結束後，他成為軍校校長，積極推動改革，連行政管理都展現不俗能力。後來更成為美軍史上最年輕的五星上將，實力和成就都讓人刮目相看。

　　二戰期間，雖然有時決策讓人質疑，但他身為太平洋戰區的美軍最高指揮官，是勝利的重要關鍵人物之一。到了韓戰爆發，美國聯合參謀長會議更一致推薦他擔任聯合國軍總司令，足見當時他的人氣和威望有多高。

　　不過，麥克阿瑟的自尊心非常強，堅持己見到有時聽不進他人建議，結果反而自食其果。有時候，他把自己的信仰和反共立場視為「正義」，對立場不同的人毫不留情。像是當退伍軍人上街抗議要求補助，他一口咬定對方是共產黨，甚至下令軍隊驅散，結果事後證實參與者中真正的共產黨寥寥無幾，這樣的舉動也為他招來不少批評。

　　總結來說，麥克阿瑟是一位優秀的指揮官，也是一個充滿魅力與矛盾的角色。他的才華和貢獻無庸置疑，但那份過度的自信與固執，也讓他在歷史上的身影，顯得特別鮮明、特別複雜。是一位讓人又敬又嘆的傳奇人物。

02 眼睛大小與嘴巴大小

在社交場合中,一個人是習慣觀察氣氛、調整自己?還是照自己的節奏行事?這些從眼睛與嘴巴的搭配就能略知一二。眼睛的大小反映的是在互動中「自我」與「他人」的比重—眼睛大的人傾向重視他人感受、主動調整自己;眼睛小的人則自我意識強烈,更在意自身步調與原則。嘴巴的大小則代表一個人承接情緒的方式與容量—嘴巴大的人包容力強、抗壓性高,遇事較能冷靜消化;嘴巴小的人則感知細膩、反應快速,對環境變化特別敏感。當這兩個部位搭配觀察,就能看出一個人在人際互動中的社交風格,是那種處處為人著想、情緒內斂的成熟型,還是堅持自我、情感流動直接的坦率型。看似微妙的差異,其實正構成了每個人在群體中最獨特的存在節奏。

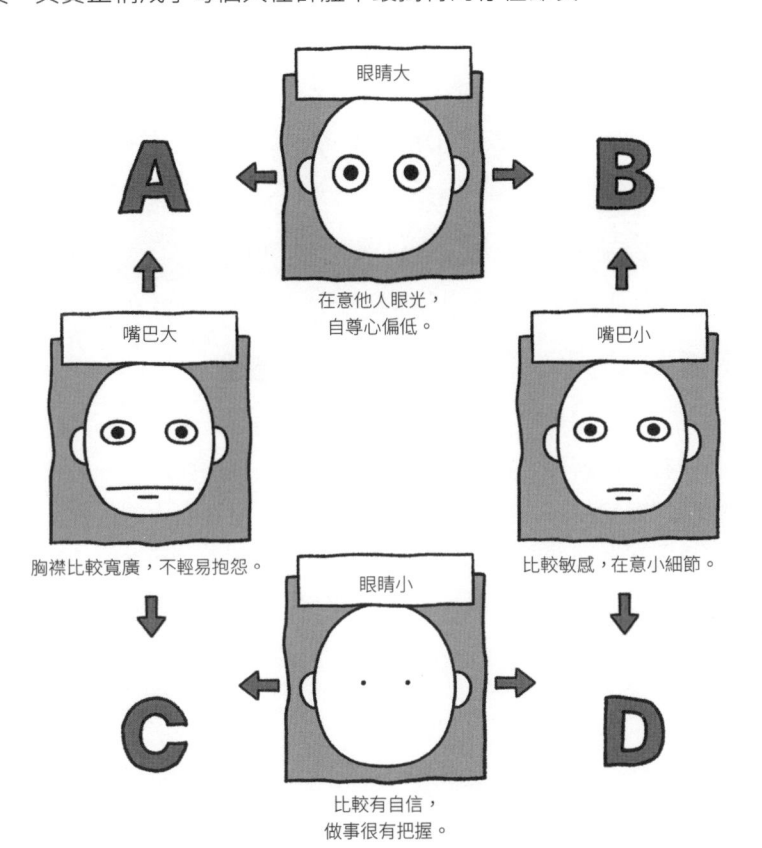

眼睛大
在意他人眼光,自尊心偏低。

A 嘴巴大
胸襟比較寬廣,不輕易抱怨。

B 嘴巴小
比較敏感,在意小細節。

眼睛小
比較有自信,做事很有把握。

A. 眼睛大嘴巴大：過度社交的和事佬類型

這類人社交能力極強，對任何場合都能快速融入，總是主動接近新朋友、熱衷參與各種聚會與話題。他們擅長察言觀色、說場面話，講話總讓人聽了從心底舒服，避免衝突、彌合分歧是他們最在意的事。即使心裡另有看法，也會點頭附和，避免讓氣氛冷場。雖然這樣的溫和讓人覺得「好相處」，但有時也會讓人懷疑他們是不是太圓滑、不夠真誠。你會在聚餐中看到他到處敬酒、面面俱到的打招呼，卻可能在真正需要表態時，閃避責任、讓人難以真正了解他的底線。

B. 眼睛大嘴巴小：默默付出的內向根基型

這類人極重歸屬感，傾向隨和與配合，只要能安穩待在團體中，即使心中有不同意見，也傾向選擇沉默。他們性格內斂、不擅表達不滿，總是默默完成份內事，甚至還會主動幫忙收尾別人的工作，卻很少有人特別注意到他們的努力。雖然平時不表露，但其實對公平與尊重有強烈執著，一旦被嚴重忽視或傷害，就可能徹底翻臉、再也不回頭。你會在職場裡發現，他們平時總在角落安靜工作，但若真的對主管或團隊心灰意冷，離職信一送出，就再也不回頭、連一句多餘話都不說。

C. 眼睛小嘴巴大：剛正不阿的苦幹型領導者

這類人自信堅定、承受力強，是那種即使困境重重也會咬牙撐住，把整個團隊帶往目標的人。他們原則清晰、態度正直，對於道德與規則有高度信仰，堅信只要憑實力與毅力，就能贏得尊重與成功。你會在職場裡看到他帶著團隊拚命加班、用最正規的流程申請提案，結果卻在最後一刻被別人用關係或潛規則插隊，他站在原地緊握拳頭，即便吃虧，也不願討好上層或違背程序。

D. 眼睛小嘴巴小：高牆內的冷靜領導者

　　這類人他們自我意識強烈、思慮周密，即使在熟悉的環境中，也不輕易主動融入。但一旦認定彼此是「自己人」，就會全力以赴、甚至挺身擔任領導者。他們極度理性，擅長整合團隊資源、提升整體效率，但也習慣將世界分為「我們」與「他們」。對於圈外人，他們帶有強烈防備心，甚至展現出令人意外的冷酷與排斥。你會看到他們在自己的小團隊中如魚得水，有條不紊地安排進度、分派工作，但當新人加入或有外部單位介入，他們卻突然變得沉默寡言、臉色凝重，甚至在私下低聲提醒夥伴「這個人我們要小心一點，別講太多」。

唐納德·川普（美國第 45、47 任總統）
Donald Trump. 1946-

無論是正面還是負面，
都是美國最有流量的政治人物。

超級愛熱鬧的社交王
眼睛大 X 嘴巴大

　　唐納德・川普的眼睛其實算大—我們是看橫向寬度來判斷的，不要被照片誤導。有時候照片角度會讓人搞錯。至於嘴巴，他可真的是「大嘴巴」一個，講話直接、愛熱鬧，超級外向又超級社交。

　　他的主要身分，除了是美國第 45 任總統，現在又捲土重來成為現任第 47 任總統之外，其實最根本的身分是—不動產企業老闆，甚至可以說是個「職業名人」。他擅長用各種大膽又挑釁的行為吸引目光，靠著話題和炒作賺錢，硬是把自己的名字「川普」變成全美最知名的個人品牌。

　　說到他的個性，川普的確很愛交朋友，但他可不是那種討好大家、擅長經營關係的社交高手。他更像是那種喜歡當主角、自己帶節奏的人—想怎麼玩就怎麼玩。有時候在圈外人眼裡會覺得有點怪，在團體裡甚至會變成那個「有點邊緣但很有戲」的人。看看他當總統時在白宮的各式各樣的舉動，就不難理解了。

　　他從小就調皮搗蛋，讓爸爸頭疼到把他送去軍校，沒想到他竟然很適應，還當上人氣王。喜歡成為焦點、享受目光，是川普從小到大的風格。他後來離開家鄉到曼哈頓闖蕩，就是為了走上更大的舞台。

　　川普最厲害的一招，就是「製造話題」。不管是說話、行動，還是媒體操作，他總是能讓人目不轉睛。憑著這一點，他成功把自己變成一個現象級的品牌，甚至一路衝上總統寶座，這招數真是不得不服！

03 眼睛大小與眉毛高度

　　眉毛的高低與眼睛的大小,是判斷一個人在人際關係中「怎麼看待他人」的重要線索。眉毛高的人重視界線與公平,即使熟人也不輕易偏袒;眉毛低的人則重情義,總是先照顧自己人。眼睛大的人在意他人情緒,常因對方反應調整自己;眼睛小的人則習慣主導關係,將人際互動視為達成目標的策略。將這兩個部位結合觀察,就能看出一個人是「重原則又重邊界」,還是「重情感也重歸屬」的類型。這樣的組合在領導者或政治人物的臉上尤其常見,正揭示了他們在人際互動中如何建立信任與策略運作的模式,讓人們能從表情中一窺權力與人情的微妙平衡。

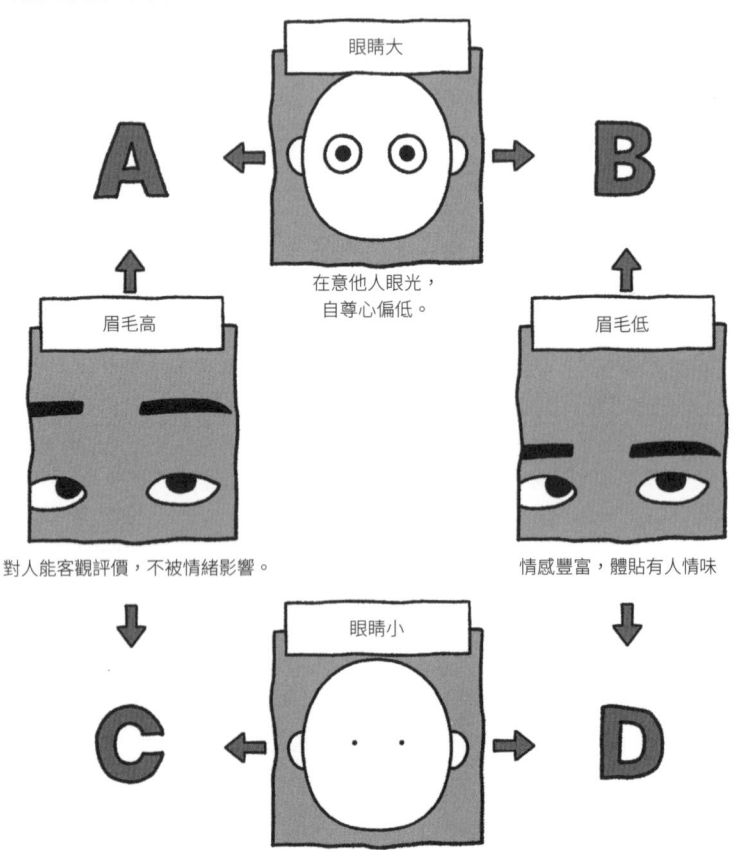

眼睛大
在意他人眼光,自尊心偏低。

眉毛高
對人能客觀評價,不被情緒影響。

眉毛低
情感豐富,體貼有人情味

眼睛小
比較有自信,做事很有把握。

A. 眼睛大眉毛高：理性為公的孤獨理想家

這類人總是站在情勢之外，冷靜觀察全局，派系鬥爭、家族背景、個人利益，在他眼中都無法扭曲公理。他總是站在公共利益的角度，做出理性且公平的選擇。然而，也因為情感細膩、同理心強，他常在價值衝突之間陷入苦惱，既想維持正義，又捨不得傷人。你會在爭議事件中看到他咬著牙說出「我們要做的是對的，不是讓誰開心」，然後自己卻獨自坐在加班後的辦公室裡，對著空無一人的文件堆長嘆一口氣。

B. 眼睛大眉毛低：柔韌堅定的情感型追隨者

這類人極重視情感與歸屬，容易受到氣氛與他人意見影響，總給人柔軟順從的印象，像是跟著氛圍走，卻很少人看見他在關鍵時刻的堅持。不過，一旦對某個人或團體產生認同，他就會深深扎根其中，絕不輕易背叛。雖然不適合當作主導決策者，卻是團隊中最能安撫氣氛、協調立場的潤滑劑。你會在緊張的對話中發現他輕聲說「我懂你們雙方的點，我們要不要這樣試看看？」雖然不主張，但總能化解對立，默默成為陣營裡「最視時局」的人。

C. 眼睛小眉毛高：孤島上的理性裁判者

這類人習慣在自己與他人之間保持距離，既不輕易親近，也不隨波逐流，但對所有人都秉持公平公正的態度。他們頭腦清晰，有能力在團隊中站穩腳步，承擔重要角色，卻不熱衷於經營權力關係，寧可靠專業站穩腳步，也不願費力爭取上位。因為不喜歡建立或加入派系，他們像孤島一般獨立存在，既不願成為爭鬥的一部分，也不想被任何陣營束縛。就像在公司聚餐時，他總是安靜坐在一角，默默觀察每個人的互動，讓人既敬佩又有些難以親近。

D. 眼睛小眉毛低：堅守自我與圈子界限的人

這類人自尊心強烈。對自己所屬的圈子與派系，有近乎固執的忠誠。對自己人無比呵護照顧，但對外人則毫不留情，常讓人感覺界線分明、冷酷無情。他們頭腦靈活、善於看清形勢，個人能力也十分出色。若身為團隊成員，會是主管眼中得力的幹將；但一旦身居領導位置，則容易展現獨裁風格，讓團隊氣氛緊繃。你或許會在公司聚會上注意到，他總是環繞著固定幾個親信，熱絡地交流，但對其他同事的邀請總是冷淡以對，讓整個場合形成明顯的分群。

約瑟夫·史達林 （前蘇聯總書記）
Joseph Stalin, 1878-1953

過於有能又過於細膩的
共產國家獨裁者

過度精明又超細心的獨裁者
眼睛小 X 眉毛低

　　他個人生活非常簡樸，公開場合總是禮貌得體，終身沒有任何醜聞。飲食節制，衣著樸素，常穿的衣服不過兩三套。過世時留下的遺產僅有 90 盧布，換算成現在大約是台幣三萬到二十萬左右。

　　史達林擁有過人的記憶力和卓越的判斷力。掌權初期，他積極推動工業化，實施強而有力的經濟政策，也因此成為結束第二次世界大戰的重要關鍵人物。從政之前，他其實是一位知名詩人，作品甚至被收錄進教科書裡。

　　不過，他非常在意外界怎麼看自己，開會時常偷偷離開，躲在門外偷聽是否有人在背後議論他。這份不安全感促使他發動大規模的清洗行動，把所有反對者視為敵人，久而久之，身邊只剩下拍馬屁的人。

　　他既聰明又善於察言觀色，若是在一般場合，可能只是個能力出眾又受歡迎的朋友；但因為他攀上了國家的最高位，掌握了龐大權力，最後卻被權力吞噬，成為歷史上備受爭議的獨裁者。

04 眼睛大小與眉尾走向

　　有些人天生眉尾上挑,看起來像精明強勢型;有些人眉尾往下,總被說溫柔體貼。這些「輪廓的走向」常常決定了他給人的第一印象,卻不一定是他真正的個性。相較之下,眼睛的大小則更貼近內在性格,反映出一個人內心的自我定位與行動傾向。當這兩個部位結合觀察時,常會出現「內外不一致」的組合,也因此行為表現上容易讓人產生誤解。這類差異也構成了人在互動時的風格張力─是外剛內柔,還是外圓內直?因此解讀這兩者的搭配時,更需要留心其「落差中的真實個性」。

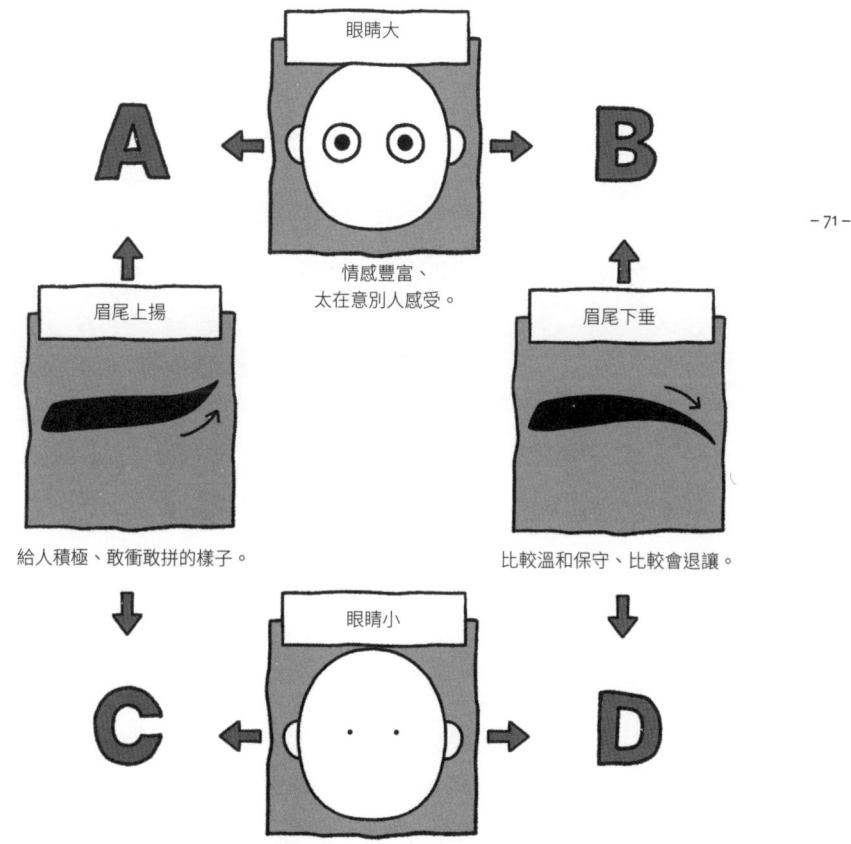

眼睛大

情感豐富、太在意別人感受。

A 眉尾上揚

給人積極、敢衝敢拚的樣子。

B 眉尾下垂

比較溫和保守、比較會退讓。

眼睛小

觀察力很強、做事有分寸。

C　　**D**

A. 眼睛大眉尾上揚：渴望認同的氣氛型領航者

這類人在人前看似外向積極、擅長交際，總是走在團體最前面，主動提案、發言、帶頭行動。但其實，這份「領先感」背後，藏著對不被接納的深層焦慮。他總給人自信又積極的印象，但其實一舉一動都源於對氣氛的細膩感知與對被排擠的不安。因為怕被排擠、不願被認為是局外人，所以即使有不同意見，也常選擇順從整體決策。他就是那種在會議上總能對應現場氣氛說出「最能安撫大家」的話，讓人以為他天生善於領導，卻沒人知道他會在洗手間對著鏡子反覆練習剛剛那段開場白。

B. 眼睛大眉尾下垂：溫馴忠誠的安定派成員

不論是會議、聚餐或專案協作，他總是準時出現，安靜地坐在角落、默默地參與。但儘管參與度高，他很少主動發言，發表意見時總會左右觀望、語氣保守，深怕踩到別人的立場。他們對人敏感、對氣氛細膩，給人一種溫吞甚至膽小的印象；大多時候不是自己主動選擇加入，而是被某個強勢的角色牽引著，才一步步走進團體。但一旦建立了信任與歸屬，他就會展現出驚人的穩定性，不僅準時完成交辦任務，還會在團隊動搖時，默默撐起整體進度。

C. 眼睛小眉尾上揚：擅長操盤的隱形戰略家

這類人第一眼給人積極又健談的印象，舉止幹練、談吐自信，看起來像是天生的社交高手。但實際上，他的每一步人際互動，幾乎都經過精密計算。他並不是真的喜歡熱絡社交，而是深知該怎麼「利用關係」為自己鋪路。他不愛出風頭，卻總能悄悄攀升，一步步以冷靜手腕掌控全局。你會在部門整併的風聲中發現他突然被提拔、負責新專案，而你還沒反應過來他是怎麼做到的，就已經聽到別人悄悄說「這整個局，看起來早就是他設計好的了」。

D. 眼睛小眉尾下垂：潛藏鋒芒的團隊操盤者

這類人不屬於外向活躍型，也不會在人群中爭搶發言權，但他們從不缺席任何重要會議，也總在關鍵時刻給出精準意見。一開始他們確實不容易融入團體，但一旦成為其中一員，往往能成為掌握團隊運作核心的人物。他們習慣在背後默默觀察，從每位成員的性格與強項中，一一抽絲剝繭，然後安排最佳位置，讓整體發揮超乎預期的效率。他就是那種你以為只是低頭做事的安靜夥伴，直到某天部門專案進行得特別順利，你才驚覺「原來流程、人員分配、進度節奏，全都是他設計好的啊！」

孫元一（韓國首任參謀總長）

1909-1980

默默奉獻、
堅守崗位的韓國海軍之父

不善表達卻內心堅定
眼睛大 X 眉尾下垂

　　眼睛大的人，常給人開朗、外向的印象，但其實內心往往更細膩敏感；眉尾微微下垂的人，看起來比較膽小，實際上卻擁有令人意外的果斷與堅定。韓國「海軍之父」孫元一，正是這樣一位外表沉穩、內心堅毅的人物。

　　這樣的人通常不急著表態，也不會輕易融入某個派系。他們習慣先觀察、判斷，再做出不動搖的選擇。尤其在軍隊裡，這類性格反而顯得特別珍貴。一旦認定目標，他們便會義無反顧地投入，忠誠而堅定，絕不動搖。

　　孫元一於 1909 年出生在平安南道。青年時期先後赴中國與德國留學，並曾在德國公司擔任航海士。留學與工作經驗讓他見識了世界，也強化了他對國家命運的關心。他的父親是抗日運動者，這股家族的信念也深深影響了他。年輕時的孫元一，曾因參與獨立運動而被日軍拘禁，但他並未因此退縮。出獄後，他轉而從商，為抗日運動秘密籌措資金。

　　1945 年光復後，他與尹致昌等人一同創立「海防兵團」，這支部隊後來成為韓國海軍的前身「朝鮮海岸警備隊」。孫元一不僅出錢出力，更親自投入各項組建工作，將多年的經商所得全力投入軍隊發展。對他來說，這不只是一份職責，而是一生的志業。

　　韓戰爆發後，韓國海軍展現出關鍵性的戰略力量。在仁川登陸作戰時，孫元一不只坐鎮指揮，更拿起步槍、與士兵們並肩作戰。他是那種不需要用言語說服別人，只靠行動就能贏得敬重的領袖。

　　他不愛張揚，卻從不退縮；他話不多，但一旦做出決定，便全力以赴。他就像一艘沉穩堅固的戰艦，在風浪中默默向前，帶領著整個隊伍航向未來。

05 眼尾角度與眉尾走向

　　眼尾與眉尾的共同特點，是兩者都會呈現出一定的傾斜角度。這些角度不一定能完全反映一個人的內心性格，而是透露出「他人如何看待這個人」的社交印象。當然，隨著時間推移，人的行為習慣往往會逐漸向外界認知靠攏，所以大多數時候，這種印象和實際氣質會有一定的重疊。但也有不少人會刻意掩藏內心的真實性格，在外人面前扮演另一種模樣。如果你剛接觸面相，不妨先從整體行為來觀察，不用太糾結於眉眼細節，避免讓自己想太多。

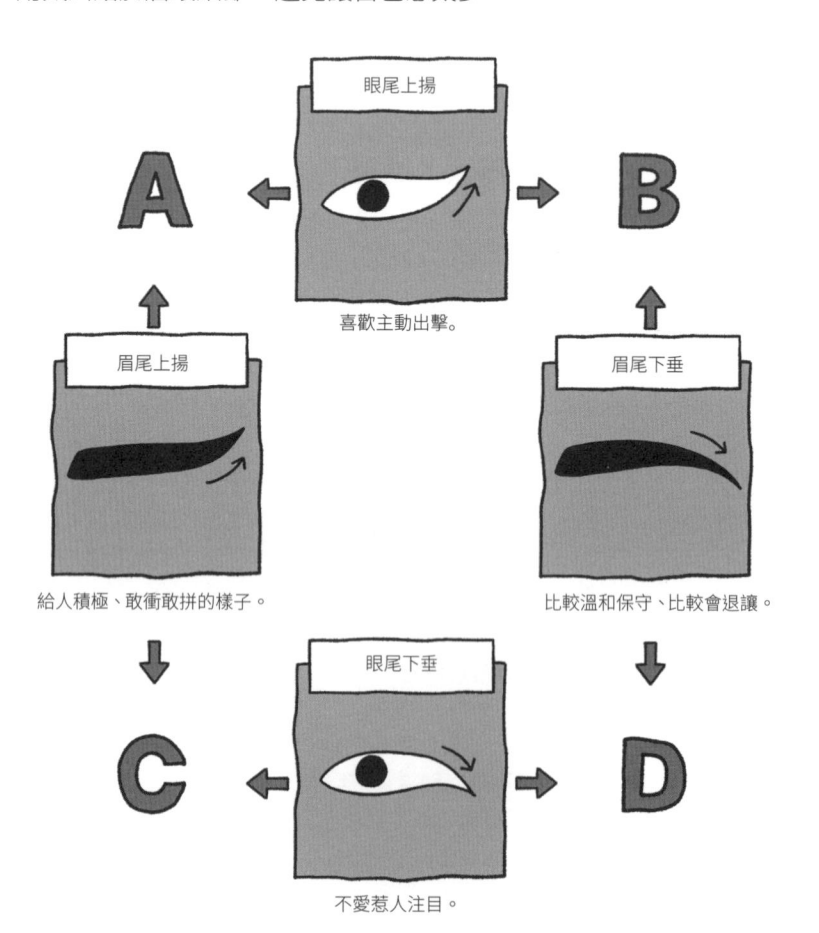

眼尾上揚
喜歡主動出擊。

A　B

眉尾上揚
給人積極、敢衝敢拼的樣子。

眉尾下垂
比較溫和保守、比較會退讓。

眼尾下垂
不愛惹人注目。

C　D

A. 眼尾與眉尾都上揚：天生的氣氛型領導者

　　這類人無論走到哪裡，都會自然成為眾人注目的焦點。無論是在學校擔任班長，還是公司裡被推舉成為團隊帶頭人，他通常也樂於接受這個角色，身邊的人也習慣於他的領袖地位。表面上看來自信滿滿，活躍於各種聚會與活動中，但其實他內心藏著對被排擠和孤立的深層焦慮。你常會在朋友聚會裡看到他主動擔任主持人，或是在會議上率先發言，帶動氣氛，但沒人知道他會在洗手間裡默默調整呼吸，準備下一次出場。這種既擅長帶領又怕被落單的矛盾心態，讓他成為那種人群中最耀眼，卻也最需要支持的人。

B. 眼尾上揚眉尾下垂：安靜踏實的努力派

　　這類人平時話不多，行事低調，不愛出風頭，但一旦該站出來承擔責任，就會展現出符合身份的專業與能力。因為習慣在他人目光下保持謙遜，他們剛開始接任新職務時，常會顯得略為拘謹或不自然。這種謙和態度，讓同事們覺得他們踏實可靠，卻也有時被誤解為過於謹慎或不夠顯眼。你會在公司會議上見到他默默記錄重點，偶爾提出關鍵且精準的建議；或者在聚餐時安靜坐在一旁，默默聽大家聊天，卻總能在關鍵時刻幫團隊撐住局面。

C. 眼尾下垂眉尾上揚：用不安化為動力的策略家

這類人不追求成為眾人焦點或權力中心，卻在表達意見時非常積極。他們外表冷靜，卻藏著深層的不安與疑慮。當這份不安被正面利用時，他們會持續聆聽他人意見，並不斷修正與完善自己的想法，是會議中不可或缺的理性參與者。但若負面發展，他們容易陷入疑神疑鬼，試圖用理性思考駁斥反對意見，防止決策偏差。你會在團隊討論時發現他細心記錄每句話，偶爾提出刁鑽的問題，雖然偶爾讓氣氛緊繃，但也因此讓團隊做出更完善的決策。

D. 眼尾與眉尾都下垂：默默觀察的沉穩思考者

　　這類人不喜歡在群體中高調表現，也不習慣成為眾人焦點。在會議中，他話不多，總是靜靜聆聽，避免過早表態贊成或反對。但這種沉默只是表象，他們其實頭腦清晰，擁有豐富想法。只要時機恰當，他們願意提出建設性的意見，並堅持自己的立場。你會看到他在會議角落安靜記錄，每當他一句話說出，整個房間的注意力都會自動集中起來，彷彿時間也跟著放慢。

湯瑪斯‧愛迪生（美國發明家）
Thomas Edison, 1847-1931

20 世紀發明王，
擁有創新與獨裁的雙面人生

外冷內熱的行動導向者
眼尾下垂 X 眉尾上揚

如果要用一句話來形容愛迪生的個性，那就是－「積極樂觀的行動背後，藏著一顆不安的心。」這句話，簡直就是為他量身打造的。

說到愛迪生，幾乎沒有人不認識。他不只是發明燈泡的天才，更是金句製造機、生意高手，以及創辦發明研究所的大老闆。他的名言非常的鼓舞人心，除了能一邊研究一邊做生意外，還能帶領團隊創造奇蹟。這些成就讓他成為全球創新者心中的傳奇人物。

但很少人注意到，在他那些閃耀光芒的背後，其實藏著一顆經常感到不安的心。當年他在美國新澤西創立了一座發明研究所，也就是現在所謂的「創新工廠」。在這裡，他不是單打獨鬥，而是身兼總指揮與靈魂人物。他的發明風格很直接，就是靠不斷嘗試、不斷失敗，從錯誤中淬鍊出成功。他總是說：「我沒有失敗，我只是找到了一萬種行不通的方法。」

但光靠這句話，是撐不起整間研究所的。他之所以能帶出一群願意陪他熬夜實驗、受傷流汗還死心塌地的研究員，是因為他真的會聆聽，也懂得看見別人的付出。他幫團隊抓住大方向，但也不忽略基層工程師的小小建議。有人有貢獻，他就會給出實質的肯定與回報。

不過另一方面，這位領導人也有讓人頭大的那一面。當他懷疑自己的點子被偷了，會氣到跳腳；一旦陷入固執，誰的話都聽不進去。他曾公開指控他人抄襲，也曾因不信任團隊而事事親力親為。對研究所的同仁來說，他是一個讓人又敬又怕的存在。

有人說，在他的團隊裡，大家對他的感情是「又愛又怕」。這句話，恐怕也是為他量身打造的。

06 鼻子大小與鼻樑高度

　　從鼻子的體積與高度,可以看出一個人「主見的強度」與「自信的型態」。鼻子大的人,多半有自己想完成的目標,會主動設定方向,不容易被別人帶著走;鼻子小的人則比較習慣配合環境,喜歡在既定的路線中做好份內的事。同樣地,鼻子高的人通常對自己的判斷充滿信心,但也會根據情況調整;鼻子低的人則更容易接受不同觀點,只要對方的邏輯合理、對自己有利,他們就能欣然接受。當這樣的個性差異出現在「掌握決定權」的位置時,對團隊風格會產生滿明顯的影響。比如鼻子又大又高的人,就像直挺挺向上生長的竹子,有理想、也固執;而鼻子小又低的人,反而像是一根柔軟的蘆葦,能因應風向調整立場。建議在觀察這些鼻子的特徵時,不要只看外表的強弱,更要觀察他們怎麼處理來自他人的意見,這才是關鍵差異所在。

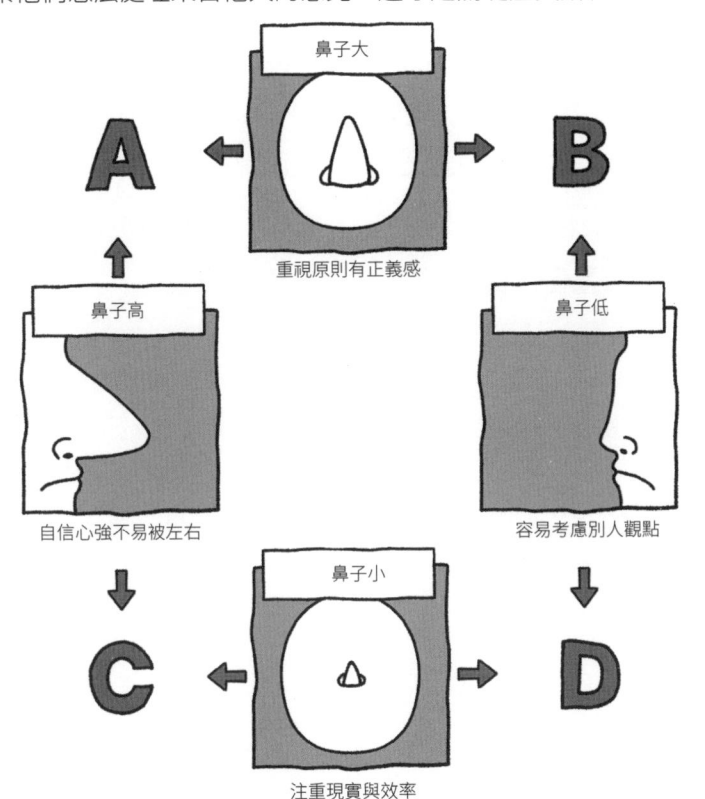

鼻子大
A ← → B
重視原則有正義感

鼻子高
↑
A
自信心強不易被左右

鼻子低
↑
B
容易考慮別人觀點

↓
C ← → D
鼻子小
注重現實與效率

A. 鼻子大且高：獨行正義的主導者

這類人目標明確，推動事情毫不猶豫，永遠不輕言放棄，總是不計代價站在團隊前線。政治人物、社運者中常見這類性格，他們像鬥士般堅持自己的正義。但他們的是非標準多以自我為中心，自尊心強，過度堅持易獨斷。你會在團隊討論中看到他不斷堅持己見，語氣堅決，即使旁人質疑，他依舊堅持己見，讓整場會議氣氛緊繃卻無法忽視他的存在。

B. 鼻子大且低：謹慎又全心投入的忠誠者

這類人不太會自己訂目標，卻擅長傾聽周遭意見，細心察覺他人的不滿和想法。因為不願輕易表態，常被誤解成優柔寡斷，甚至遭到派系誤會為背叛，但他們願意全心全意為團隊付出。因為重視理性與平衡，他們在派系中容易被指責背叛，但實際上只是想維持和諧。你會在團隊合作中發現他總是在爭吵後主動找人和解，或是私下協調誤會，是那個始終願意付出，讓大家能安心前進的背後支柱。

C. 鼻子小且高：堅定不移的功利主義者

　　這類人有強烈的自我信念，不輕易動搖。雖然不常主動出頭，但在必要時，他們願意挺身而出，擔當重任。他們追求最佳方案，即使遭遇阻礙，也會不擇手段達成目標。不過，為了達成目的，他們有時會不擇手段，因此常招致道德上的批評，也經常在爭論聲中因他的一句命令，讓所有人不得不跟著他的節奏行動。

D. 鼻子小且低：踏實服從的可靠幕僚

　　這類人不善主動表達，也不愛自訂目標。他們對周遭的評價很敏感，更擅長服從既定的任務和方向。相比起帶頭領導，他們更適合當幕後的參謀或助理，默默支持著團隊。因為不太自主決斷，他們的立場通常隨著領導者調整，靈活配合團隊方向。你可能會在辦公室看到他默默執行指令，即使壓力大也少有抱怨，正是團隊最可靠的支柱。

呂運亨（韓國獨立運動家）
1886-1947

講理派的溝通高手，
哪邊都想談談看

講理派的溝通高手，哪邊都想談談看
鼻子大且低

如果要用一句話來形容呂運亨的個性，那就是－「講道理之前，先願意聽你說完。」這句話，簡直就是他的寫照。

呂運亨是近代韓國史上極具爭議但又難以忽視的人物。他是獨立運動的實幹者，早年積極奔走，向各界人士宣揚脫離日本殖民統治的必要。他不只對韓國人講，連日本的極右知識分子、高官，也都嘗試接觸，希望能用對話換來理解與轉變。

他的厲害之處，不只是會說服人，更會聽人說話。不管你是哪一派，他都能坐下來跟你喝茶聊天。即便立場不同，他仍然努力尋找交集，想辦法把分裂的各方拉回一張桌子前。這樣的個性，讓他即使在意見極端對立的「左右對立」時期，也被雙方信賴、願意接觸。

但也正是這樣「誰都談談看」的中間立場，讓他變成各方的眼中釘。右派說他太左，左派又說他太右。有人指責他搖擺不定，有人懷疑他根本只是個兩面討好、沒有主見的人。他的身份太多元了！既是政治家，也是媒體人，還是體育推廣者；甚至一度紅到能拍廣告當模特兒，形象太多樣，讓人捉摸不定。

雖然人們對他的政治判斷是否正確仍有爭議，但可以肯定的是，他真誠想讓這個國家好起來。他的中庸有時被看成優柔寡斷，也因此最後被暗殺收場。但就在被害前不久，曾有一份問卷調查：「誰是朝鮮最能引領國家的良心人物？」他拿下壓倒性的第一名，第二名是李承晚，第三名是金九。

有人說，呂運亨是那種「你不一定會完全同意，但很難不喜歡」的人。他就是這樣一位，用耐心與傾聽撐起整個動盪時代的對話橋樑－溫和，卻因此被捲入最殘酷的風暴。

07 鼻子大小與鼻孔大小

有人喝酒聚會時總是大方掏出信用卡結帳，有人卻每次結帳前都要重新綁鞋帶；有人堅持 AA 制，絕不多出一分錢。這些行為，有時被稱作「個性」，有時說是「氣度」。不管怎麼叫，鼻子和鼻孔的大小，往往能鮮明地反映這些特質。無論是在創業找投資者、合夥開公司，甚至是朋友聚餐分錢時，了解這些特徵都會很有幫助。當然，面相只是參考，最重要的還是自己的人品與努力。

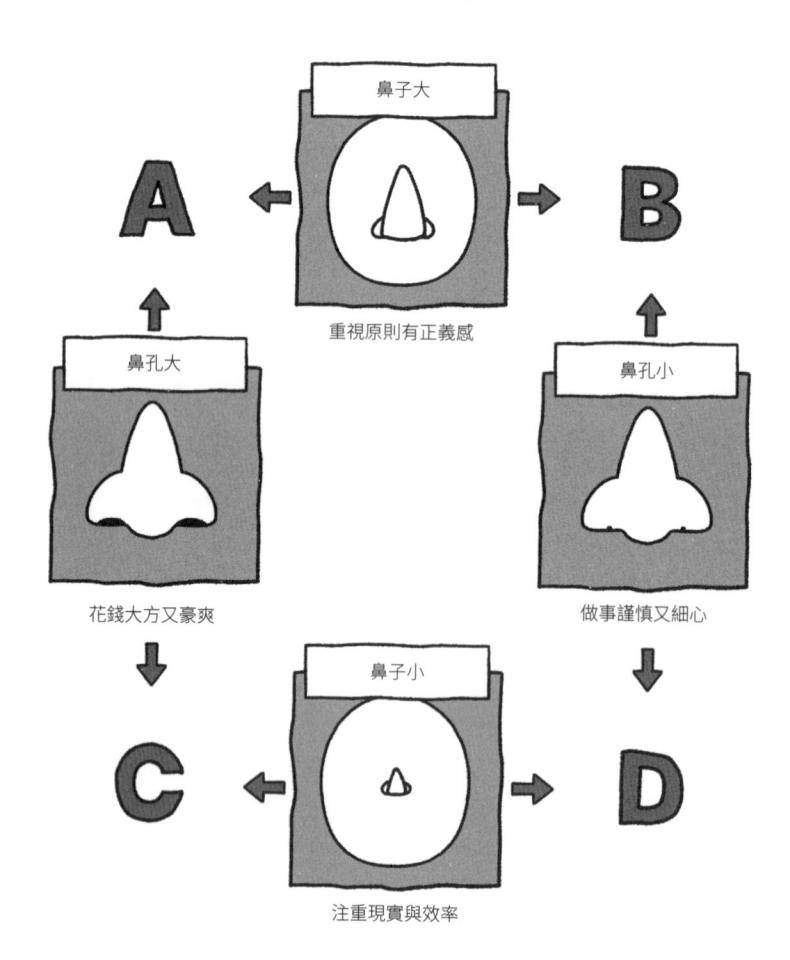

鼻子大
重視原則有正義感

A ← B →

鼻孔大
花錢大方又豪爽

鼻孔小
做事謹慎又細心

鼻子小
注重現實與效率

C ← D →

A. 鼻子與鼻孔都大：做事豪爽不拘小節

他們做事往往氣勢磅礴，花錢毫不吝惜。這類人能成為英雄，也可能跌得很慘，端看他們將豪氣投注在哪裡，有的人會為了獨立運動傾囊相助，或熱心公益大筆捐款；但也有人因賭博揮霍家產，或因魯莽經營而導致破產，大多都屬於這類型。他們的身影常出現在那些「一請客就搶著付錢」的人身上，明明自己剛想掏錢，他卻早已買單離場，讓你在心疼他錢包的同時，也不禁佩服他的氣魄。

B. 鼻子大鼻孔小：果斷中帶著謹慎

他們做事大膽，出手卻不衝動；敢於主導專案走向、決定策略主軸，也懂得在開銷上拿捏得宜。目標明確、計畫周全、行動理性，是他們的基本原則，就像過河前會敲敲石頭確認穩不穩。然而，正因太過審慎，他們常在關鍵時刻裹足不前，眼睜睜看著機會擦肩而過。你可能在辦公室裡遇過這種人，提案很有架構卻老是在最後關鍵時刻說「再想一下」。

C. 鼻子小鼻孔大：泥土中的鑽石人才

　　這類人無論是經商、從政，還是在軍中擬定戰略，經常以出乎意料的方式解決問題，讓周圍人眼睛一亮。他們擁有過人的能力與實力，卻不擅長推銷自己，結果就是，總在該被看見時默默站在一旁。有時他們會提出極具潛力的計畫，卻僅止於自我滿足，未能真正被重視或採納。這是那種「有才但無運」的類型，明明實力出眾，卻常被忽視在角落。你或許會在職場上看到他一個人默默完成報告、獨自研究方案，提案水準遠高於同儕，卻總是離晉升主管的位置差了一步。

D. 鼻子與鼻孔都小：節制到近乎嚴苛的實幹派

這類人個性極為節儉，甚至到了讓人驚訝的地步。他們頭腦聰明，但卻極少讓錢離開口袋。錢雖然穩定進帳，支出卻少之又少；賺得不多，花得更少，也不喜歡冒險。他們多半腳踏實地、不投機取巧，生活方式嚴謹節制，常見於那些靠自己一步步打拼成功的人身上。從另一個角度看，他們就是實踐「儉樸、節省、儲蓄」的代表。你也許會在便利商店前看到他掏出折價券使用，或在午餐時間自備便當，從飲料到發票都一絲不苟，就像用一張張發票與一元硬幣，築起屬於自己的安心生活圈。

＊看著鹹魚配飯吃。

貝尼托·墨索里尼（法西斯主義創始者）
Benito Mussolini, 1883-1945

自信爆棚卻把國家帶往毀滅的男人

強硬派的蠻幹獨行者
鼻子大 X 鼻孔大

如果要用一句話來形容墨索里尼的性格，那就是「話說得震天響，結果卻常常踢到鐵板」。這句話，可說再貼切不過了。

墨索里尼這號人物，是把「氣勢先行」發揮到極致的典範。他曾大聲喊話要讓義大利重現羅馬帝國的榮耀，雄霸整個地中海，結果實際上真有打下來的地方，卻只有衣索比亞一個。而且還是靠著犧牲大批士兵才勉強拿下，換來的代價卻是英法關係全面惡化，連盟友都翻臉不認人。

後來，他拉著義大利加入第二次世界大戰，選邊站在納粹德國那邊，結果戰爭一開打就被法國打趴。打不贏就轉戰非洲，結果在埃及戰線一路敗退；乾脆再去進攻希臘，結果對方連像樣的坦克都沒有，還是讓義大利軍隊吃癟。一路打一路輸，越輸就越想擴張，光是人力就消耗得精光。

當然，墨索里尼也不是什麼都做不好。他是靠政變一舉上台當總理的狠角色，上任後也做了一些實事，例如：整頓城市、促進經濟、修建高速公路、打擊犯罪。他當時留下的建築物，現在在義大利還能看見。如果他在當時就此收手，或許還能被記錄為一位有爭議但有貢獻的政治人物。

偏偏他被「重現帝國榮光」這種偉大的幻想給綁死，還把自己當成歷史英雄的轉世。結果，從政治領袖變成失敗的獨裁者，最後不但政權垮台，連下場都非常淒慘。

有人說，墨索里尼是那種「很會起頭、卻不會收尾」的人。他的故事，像是一場本來很有企圖心的賭局，卻在自信過頭的那一刻，注定輸到脫褲。

08 鼻子大小與鼻翼大小

　　鼻翼大的人對金錢有節制，不輕易揮霍；鼻翼小的人則較難抵擋花錢的衝動。鼻子大的人做事乾脆俐落，鼻子小的人則會多方考量再行動。對創業者而言，這兩處面相特徵是值得留意的關鍵。

　　乍看之下，好像「鼻子大＋鼻翼大」才有機會事業成功，但其實經營事業有時也需要不顧一切的魄力。而過於衝動的類型，遇上失敗時也可能一敗塗地。與其爭論哪種最好，不如先了解自己的風格，有意識地補足不足，才能真正發揮面相學的智慧，無論是在職場決策、理財還是人際互動中，都能更游刃有餘。

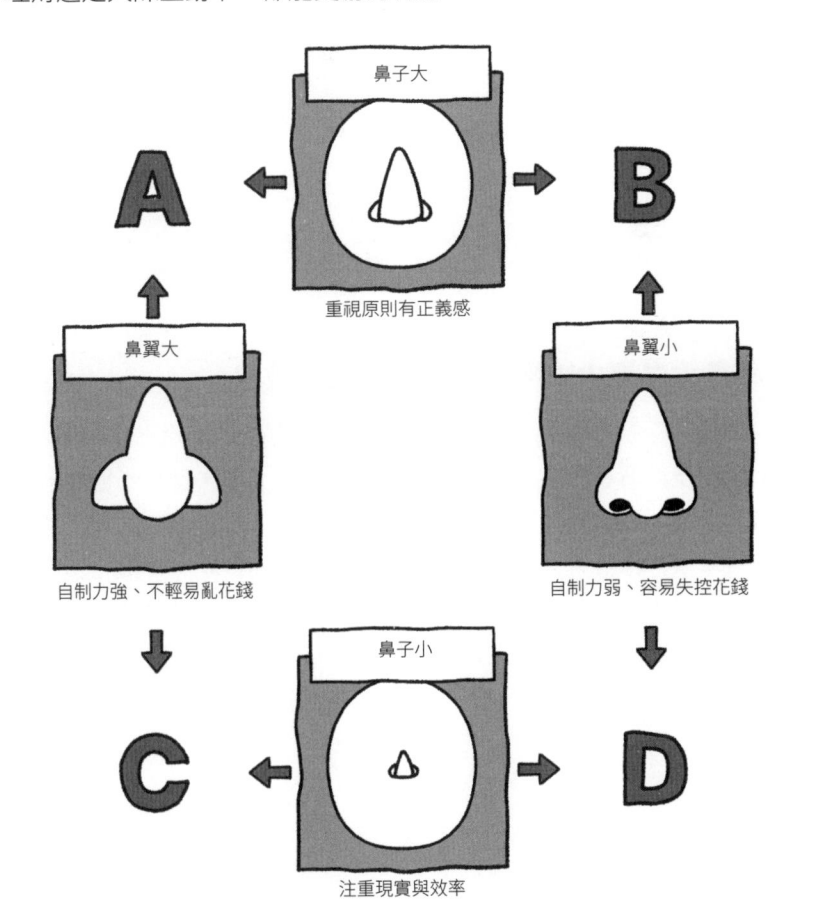

鼻子大
重視原則有正義感

A　鼻翼大
自制力強、不輕易亂花錢

B　鼻翼小
自制力弱、容易失控花錢

鼻子小
注重現實與效率

C　　D

A. 鼻子與鼻翼都大：前衝型的穩健派冒險家

這類人經營事業時，不會魯莽行事，總會預留一筆備用資金。他們雖不輕易冒進，但一旦評估為必要之舉，也能果斷投資、全力推進。既懂得冒險，也知道風險控管，是人們心中最理想的企業家類型。像是聚餐在決定誰付錢時，他們總能大方中帶細心，默默付錢幫大家解圍，讓人感到安心又貼心。

B. 鼻子大鼻翼小：把創業當賭局的冒險家

這類面相組合的人，他們自制力較低，但行動力極強，決策迅速，常常敢把全部資金一次投入。做事如同冒險般大膽，且不太聽從他人勸告，行事大膽如賭博般刺激。雖然風險高，但也有不少人靠此成功開拓新領域。這類人大多勇於開拓新領域，敢衝敢闖。想像一下職場上遇到這種人，他們說做就做，不會拖泥帶水，常讓團隊充滿活力，但同時也會因缺乏節制讓大家緊張，像是在開一場刺激又難以預測的賭局。

C. 鼻子小鼻翼大：寧可慢半拍的極度慎重派

他們非常謹慎，總會反覆確認每個細節，只有確定無虞時才會出手投資。這種人因為考慮周全，失敗的機率相當低，是團隊裡的安全牌。不過，有時過於謹慎，也可能錯失難得的好機會，甚至連開始的勇氣都沒有。在工作或生活中，這類人常是那個會三番五次確認細節的夥伴，讓大家感覺踏實安心，但有時也讓急需決策的場面變得有些拖沓。

D. 鼻子與鼻翼都小：關鍵時刻才出手的現實派

他們自制力不算強，卻很謹慎深思。經過長時間的深思熟慮後，會做出大膽的投資決定。只是這份深思往往持續很久，行動前的猶豫不決是他們的常態。這類人不太喜歡自己親自操盤，比較像是幕後的天使投資人。如果他們自己創業，也是四種類型中最務實的。從投資者角度看，他們是最理想的合作夥伴，因為既能謹慎評估風險，也不怕在適當時機出手。生活中，他們常是那種雖然話不多，但一旦決定就雷厲風行的角色，讓人既期待又安心。

> 沒人知道的祕密黃金漁場！長期調查終於找到啦！
> 走吧，去釣傳說中的大魚！

> ……結果怎麼空手而回？
> 果然，沒人去那裡是有原因的啊。

*（備註：專門砸錢投那種技術不行、錢又少的新創公司的「勇者」）

理查·布蘭森（維珍航空創辦人）
Richard Branson, 1950-

從不按牌理出牌的經營奇才，把失敗當成一場派對

大膽直衝的行動派
鼻子大 X 鼻翼小

如果要用一句話來形容理查·布蘭森的個性，那就是「只要我想，就沒有人能擋得住我」。這句話，簡直像是他的人生宣言。

布蘭森從小患有閱讀障礙，連高中都沒畢業，但這並不妨礙他一路狂奔、創業不停。他靠借來的錢創辦雜誌，一口氣寫了上百封信，硬是挖到約翰·藍儂與米克·傑格這種大咖的專訪。憑著這股死纏爛打的精神，他又投入唱片事業，結果一炮而紅。

最有名的創業傳說之一是一有次班機取消，他索性租下一架飛機，擺起臨時櫃台賣票！就這樣，維珍航空誕生了。之後他又駕熱氣球環遊世界，開遊艇橫渡大西洋，接著喊出「我要送人上太空！」就真的成立了一間太空旅行公司。

布蘭森不只創業魂強，還很會放手。每當某項事業穩定後，他就交給別人打理，自己轉身去搞新的東西。他把人生過得像連續劇，永遠都有新篇章。

不過，他也不是每次都贏。他曾開坦克車衝進紐約市中心，朝可口可樂的廣告刊版開砲，替自家新出的可樂做宣傳，雖然那場聲勢搞得很大，最後卻還是打不過可口可樂，悄悄退場。他的太空旅遊夢也頻頻受挫，如今還面臨著破產的危機。

即便如此，大家還是喜歡這個「怪怪的企業家」。雖然，他並不完美，也不是什麼都成功，但他讓大家重新想起「冒險」這件事有多迷人，哪怕會跌倒，也值得一衝再衝。

09 鼻子大小與嘴唇厚度

　　西方面相學強調必須將鼻子與臉部其他部位聯合觀察，特別認為嘴巴是透露人性格與本質的重要部位。因此，在西方面相解讀中，鼻子與嘴巴的組合解釋相當常見。而在我們的面相學中，鼻子與嘴唇的搭配同樣帶來非常有趣的啟示。鼻子的大小常被視為推動事業的力量指標，而嘴唇的厚度則影響一個人在處理事情時的氣度與決斷力。這兩者合起來，能更全面呈現一個人在行動力與決策上的特質。

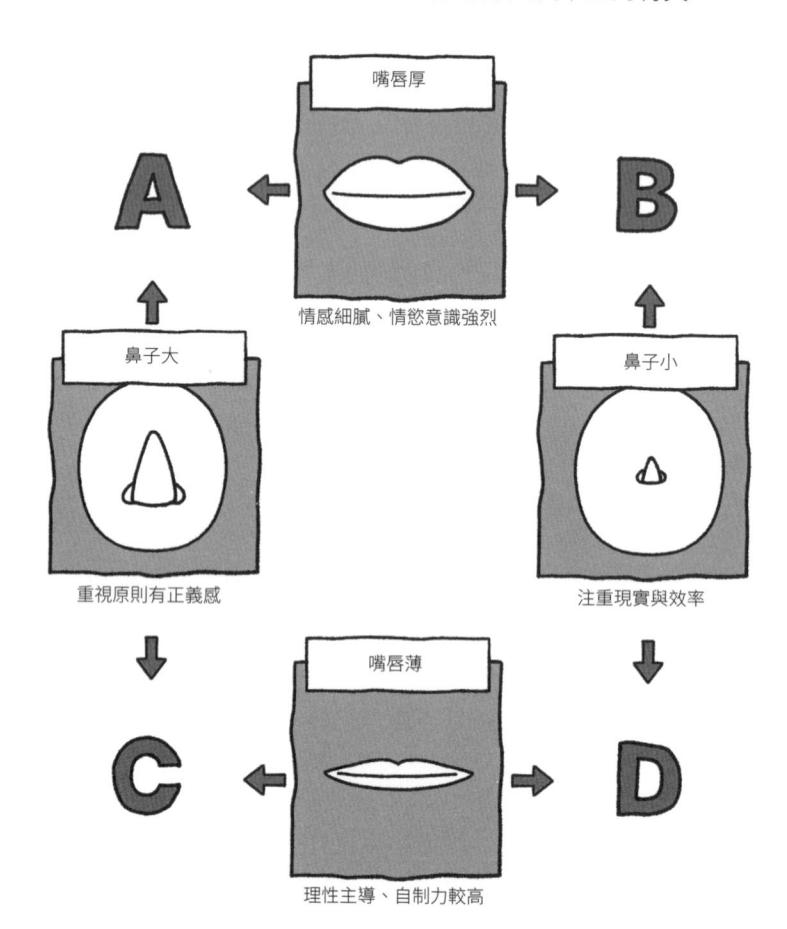

嘴唇厚

A ← 　 → B

情感細膩、情慾意識強烈

鼻子大　　　　　　　　　鼻子小

重視原則有正義感　　　　注重現實與效率

嘴唇薄

C ← 　 → D

理性主導、自制力較高

A. 鼻子大嘴唇厚：靠熱情與義氣活出精彩

他們活得像一團火，靠義氣與熱情照亮別人，也燃燒自己。往往以真誠和熱忱感動他人，是天生的領導者和英雄人物。不論是行動力還是人際關係，都爽快大方，讓人不自覺地被他們吸引聚集。日常生活中，這種人就像武俠小說裡的豪傑，總能帶來正能量。不過他們也容易陷入自己堅持的錯誤信念中，且身邊擁有不少追隨者，往往難以察覺自己的盲點。

B. 鼻子小嘴唇厚：感性中藏著野心的親民高手

這類人聰明理性，卻又不失溫情，是難得的理智與感性兼具的類型。人緣極好，不論是經商還是從政，總能得人心、辦成事。明明能力出眾，卻總表現得低調溫和，讓人不自覺想靠近、與之為伍。但他們內心的野心並不小，對成功與財富有極高的渴望。但若一時迷失方向，也可能走向唯利是圖的奸商，或善用權術的操盤手。生活中，這類人常是聚會上最討喜的人，笑談之間早已掌握了全場的風向。

C. 鼻子大嘴唇薄：過度理性讓人有距離感

　　這類人做事有原則、腦袋清楚，總是三思而後行。推進力強，不會被短期利益或情緒牽著走，因此在解決危機或做重大決策時，往往表現突出。他們也常被視為團隊中的「中立派」，能跳脫情緒糾葛、客觀評斷。但也正因為過於理性，情感流露稀薄，常讓人覺得有點冷、不太好親近。在職場上，他們是那種你尊敬卻不會想八卦的人；在聚會中，經常一句一針見血的發言讓現場靜默三秒，不是因為說錯話，而是因為太正經了。

D. 鼻子小嘴唇薄：深藏不露的理性智者

　　這類人腦袋靈光、邏輯清楚，做事不靠情緒，只靠判斷。知識型人才，說的比做的少，做的比說的強。雖然一身本事，但他們對外在表現沒什麼興趣，也不愛爭功勞。你可能在某個案子裡默默被他救過一次，卻根本不知道是他。這類人就像職場裡的隱形冠軍，朋友眼中的「低調怪才」。只有真正懂他的人才知道－他不是不行，而是根本不稀罕爭鋒。當你發現他的厲害時，常常會忍不住想「他怎麼都沒說？」

申采浩（韓國獨立運動家）

1880–1936

信念堅定的歷史戰士，
為民族獨立燃燒一生

講求原則勝過人情
嘴唇厚 X 鼻子大

　　如果要用一句話形容申采浩，那會是──「國家的歷史，應該由自己的民族來書寫。」這句話，不只是他的信仰，也是他生命的主旋律。

　　申采浩早年深信「英雄造時勢」的歷史觀。他認為，在民族面臨危機的時候，一定會有英雄出現帶領人民渡過難關。於是他大量研究歷代英雄，把世界史上舉足輕重的人物寫成文章，介紹給大眾閱讀。

　　不過，1919 年三一獨立運動爆發之後，他的想法有了巨大轉變。他開始意識到，真正能改變歷史的不是某個英雄，而是集體的「民眾」。從此他轉向民族主義史觀，堅信「朝鮮的獨立，必須靠朝鮮人自己爭取」。這樣的他，對任何「外力干涉」都極度反感。像是李承晚曾向美國請求託管統治，申采浩知道後當場開罵，從此兩人成為死對頭。就連與他立場相近、但主張較溫和的金九、安昌浩等人，他也保持距離，寧願孤身奮戰。

　　他窮得常常沒錢吃飯，卻從不向人伸手。朋友們只能偷偷把幾枚小錢藏在他屋裡，讓他以為是自己忘記的，才肯安心使用。他這份堅持，讓人敬佩，也讓人心疼。

　　當然，申采浩的史觀也不是沒有爭議。現代學者認為他的歷史書寫帶有強烈主觀色彩，有時對史料的解讀也未必嚴謹。像是他堅稱「薩水大捷」中使用了水攻手段，後來就被證明是誤解史料的結果。

　　儘管如此，申采浩那句「歷史是民族的生命」仍深植人心。他留下的不只是書本，更是一種骨氣，更是一種不為權力折腰、不靠外人拯救，把筆當成武器，為民族獨立奮戰到底的精神。

10 鼻子大小與眉毛連接狀況

傳統面相學認為斷眉是不吉之兆,但現代社會階級與身份界限漸趨模糊,這觀念不再絕對。不過,在職場尤其是主管與下屬間,這點仍需留意。鼻子的大小代表推進力,眉毛的連續性則象徵一貫性。兩者組合反映人際互動,特別是主管與下屬的相處。值得提醒的是,好的主管不一定就是成功的領導者。若你身為主管,不妨藉此反思自己的優缺點,找到更合適的領導方式。

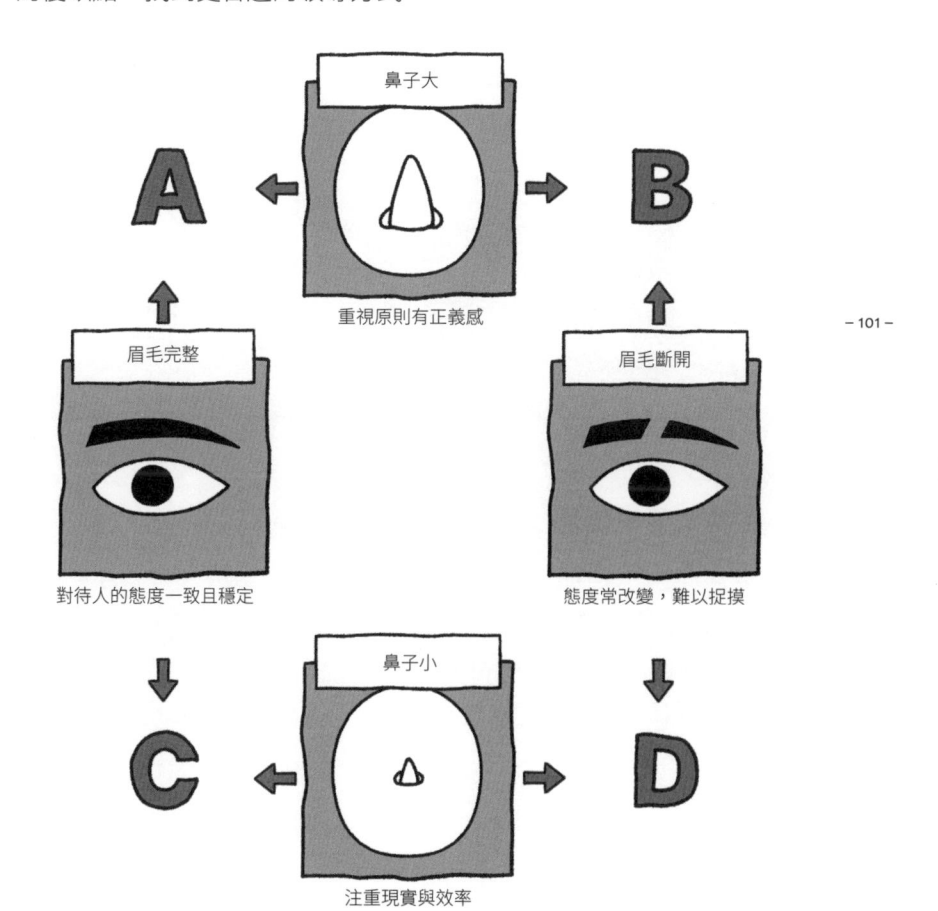

鼻子大
重視原則有正義感

A　　B

眉毛完整
對待人的態度一致且穩定

眉毛斷開
態度常改變,難以捉摸

鼻子小
注重現實與效率

C　　D

A. 鼻子大眉毛完整：疲勞與期待值都達 120%

　　這樣的組合是頂尖的領導者類型。如果你的主管是這種人，你是個幸運兒。你會在一個充滿活力且持續成長的組織中，獲得公平的評價並充分展現實力。不過，他們也可能讓整個組織成為「過勞工廠」，工作節奏超級緊湊，休息變成奢侈。如果想要長期穩健發展，遇到這種領導者時，學會平衡自己的節奏非常重要。別讓自己被過度的壓力壓垮。

B. 鼻子大眉毛斷開：評價標準唯我獨尊

　　在這類人手下工作，每一刻都像在玩生存遊戲。工作指令繁多且要求嚴苛，評價標準卻時常隨著他們的情緒變化而改變。這反覆無常的評價，讓團隊氣氛緊繃，並不適合多人協作的環境。倒是獨立作業的發明家或藝術家，反而能在這種氛圍中找到創作自由，充分發揮個人優勢。

C. 鼻子小眉毛完整：不僅聰明也很悠閒

　　這類人在擔任領導者時表現不錯，所安排的工作通常恰到好處，能讓團隊保持穩定的績效。不過，他們工作節奏較為從容，除非是既定任務，否則很少主動提出新目標或展現額外動力。若想刺激組織成長，可能需要靠自己更多努力，而非完全依賴他們帶頭衝鋒。

D. 鼻子小眉毛斷開：以恐懼控制團隊

　　這類人擅長「兔死狐悲」的手段，與他們共事，總是活在被拋棄的恐懼中，壓力巨大，難以放鬆。即便私下再親近，也難逃這份不安。這是典型強硬與脆弱交織的管理風格，令人敬而遠之。這種性格的人較適合單打獨鬥的專業工作或自由職業，團隊合作難以長久。遇到這樣的主管或同事時，記得保護自己，別讓焦慮吞噬你的熱情。

伊隆・馬斯克（特斯拉創辦人）
Elon Musk, 1971–

沉迷自我定義的夢想家，
還是改變世界的工程師？

我行我素但執行力超標
鼻子大 X 眉毛斷開

　　說他是夢想家沒錯，但更精確一點，也可以說他是個「把想像變成現實的怪人」。伊隆・馬斯克，是那種讓人又愛又恨的人。你可能佩服他顛覆產業的膽識，也可能對他的情緒化和管理方式搖頭。但無論你是哪一派，幾乎沒人能否認—他真的在改變世界。

　　他的成長故事其實一點也不「科技英雄」。小時候，他是被霸凌的對象，功課不好、朋友不多，和爸爸的關係也很差。長大後移民到美國，做過地下酒吧、待過遊戲公司。他人生的第一次創業是 Zip2，但即便是創辦人，也沒人理他。他接著創辦了 PayPal，因為造成赤字最後也被團隊踢出局。

　　他對工作的態度，被不少人批評為「壓榨到極致」。對他來說，員工就像員工像是電池，用到沒電就換新的。他也是一個極端的績效主義者，但評價標準經常看心情。有員工因為陪伴家人生小孩沒出席活動，被他當場點名並說「這讓我很失望！」，在這樣的壓力鍋裡，員工一邊怕他，一邊又崇拜他。

　　他不止一次把自己推進風暴核心。從電動車（Tesla）、太空火箭（SpaceX），到腦機介面（Neuralink）、社群平台（Twitter/X），他涉獵的領域之廣、行事風格之狂，讓人摸不清他到底是在拯救人類，還是毀滅自己。

　　無論你怎麼評價他，馬斯克是一個把「如果這世界不符合我的規則，那就重寫規則」這句話活出來的人。他既不是傳統的創業教科書範本，也不是典型的領導者模板，但他就是現在進行式的歷史，錯綜複雜，讓人無法忽視。

11 鼻子大小與額頭高度

　　若將臉部垂直劃分為三等分，額頭居上，鼻子則位於中段。當你沒有太多時間細看時，不妨以「額頭高、鼻子小」或「鼻子大、額頭低」這類明顯特徵，作為快速觀察的參考。雖然準確度略有誤差，但在應對場合中仍頗具實用性。一般來說，鼻子大的人性格堅毅果斷、做事直接；鼻子小的人則圓融靈活，重視現實利益。至於額頭的高低，則反映一個人的眼界與格局：額頭高者思考宏觀、目光遠大；額頭低者則較重當下、行事審慎，專注於眼前可控的事務。

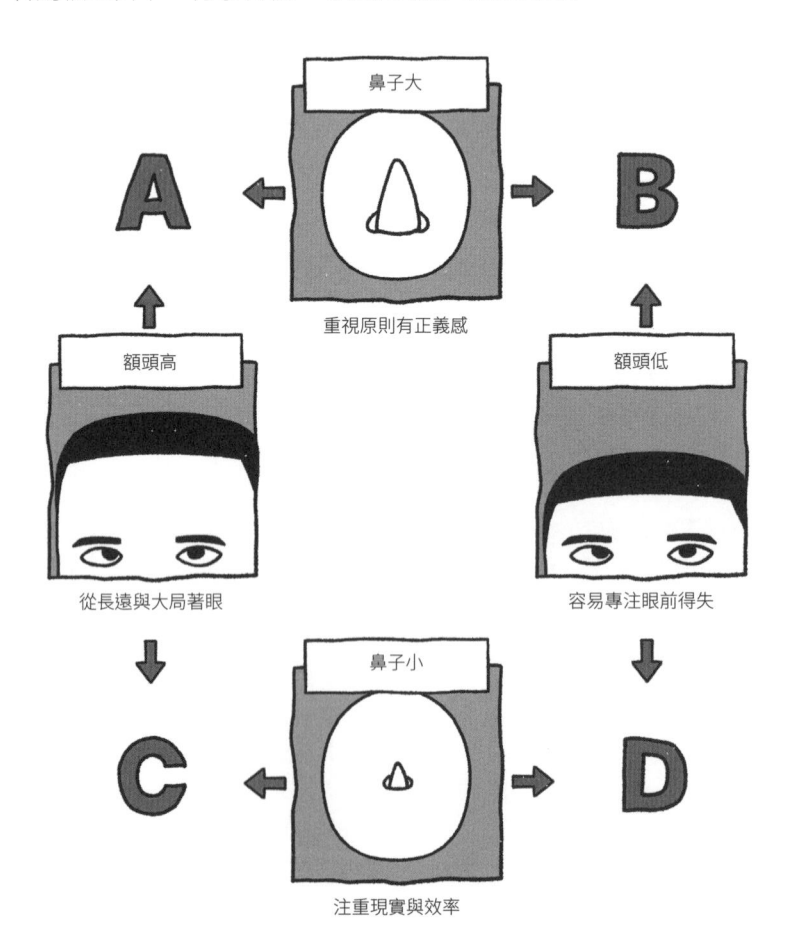

鼻子大
A ← → B
重視原則有正義感

額頭高　　　　　　　　　額頭低
從長遠與大局著眼　　　　容易專注眼前得失

鼻子小
C ← → D
注重現實與效率

A. 鼻子大額頭高：有手腕也有野心卻不在乎對錯

這類人具備做大事的潛力，不只社交能力強、意志力穩定，推進力更是一流，是天生的事業型人物。如果從商，往往能闖出一片天地、成就一番事業。但值得注意的是，他們對「正義」的定義經常偏向主觀，甚至會認為「只要賺得到錢，就是對的」。如果價值觀偏差，很容易成為名利至上的強勢人物，甚至背負貪婪無情的名聲。在生活中，你會發現他在會議上能把話說得頭頭是道，也能在聚餐時搶著結帳博得好感，但下一秒卻可能為了個人利益臨時變卦，讓你分不清他究竟是仗義還是精於算計。

B. 鼻子大額頭低：獨自定義正義的堅持

這類人擁有堅韌不拔的意志，常與志同道合的少數人攜手，挑戰既有多數勢力。他們就像政治圈裡那些成立公民團體的人，能夠凝聚力量推動變革。但若走偏，可能會成為反叛組織、極端組織或利益集團的主腦，因為他們的正義感往往只以自己為中心。在職場或生活中，你可能會看到他們帶領小團體激烈爭辯，氣氛緊張又充滿熱情，讓旁人既敬佩又有些忌憚。

C. 鼻子小額頭高：缺乏初心卻極為能幹的官僚型

　　這類人是典型的高效行政者，當主管訂出方向後，他們會運用各種策略讓這條路越走越順，不是刻板的執行者，而是靈活的問題解決者。不過，他們缺乏自己的堅定主見，容易過於追求實利，甚至陷入利益糾葛。生活或職場中，你可能會發現他們善於討好上司，積極建立派系，讓辦公室裡的小圈子活躍不已，但也常讓人對他們的動機會有質疑。

D. 鼻子小額頭低：缺乏初心的理想主義者

這類人多為理想型的公職人員，忠實體現代議民主精神，不易陷入貪腐。但他們很少主動追求個人目標。一旦追求私利，往往扭曲選民意願，將明顯不當的行為包裝成「人民的意志」。在日常生活或政治場合，你可能聽到他們以「為人民好」的名義說出令人難以信服的說辭，讓人感到無奈卻難以反駁。

霍華·休斯（美國商業大亨）
Howard Hughes , 1905–1976

一輩子都在冒險的男人，
美國夢的極致與幻影

**社交場上如魚得水
鼻子大 X 額頭高**

　　霍華·休斯出生於 1905 年，父親是富有的企業家，母親則來自貴族世家。從小他就在工程學上展露頭角。他的父母分別在他十八歲和十五歲時離世，此後他繼承了父親的家業。他從大學退學後，為了追求製作電影的夢想，來到了好萊塢。

　　電影製作對他來說是一連串的冒險。他總是挑戰技術、資本與現實的極限。雖然好幾次都面臨賠錢的困境，但他拍攝的電影大部分都很成功，總是很有話題性。除此之外，他與多位女演員的緋聞也鬧得沸沸揚揚。然而，身為一位飛行員，他也不斷進行挑戰，不僅連續創下最高速度、橫越大陸、環遊世界的紀錄，後來還成立了飛機公司。步入晚年後，他搬到拉斯維加斯，把拉斯維加斯從偏僻的娛樂小鎮，搖身一變成為世界級的賭場帝國。

　　據傳他有著嚴重到足以威脅健康的潔癖。由於他過度執著於清潔，因此每餐都吃相同的食物。不只一一檢查員工們的政治傾向，還沒來由地開除他眼裡「看似不單純的」員工。對大眾來說，他是體現出「美國夢」的冒險家暨企業家。然而，他在大眾眼中也有著「無法理解的奇人」的印象。

12 鼻樑高度與鼻孔大小

若把鼻子比作一座山,那麼鼻孔就像是山上的瀑布。高山上的大瀑布壯觀氣派、聲勢驚人,但一遇乾旱就可能枯竭;反之,較低的山上雖只有小瀑布,不那麼引人注意,卻往往細水長流、成為四季皆宜的靜謐去處。在面相學中,這組合特別常被用來觀察擇偶對象。鼻樑的高度象徵自信心與外在表現力,而鼻孔的大小則透露出一個人的金錢觀與花費習慣。這兩者不僅影響婚姻品質,更攸關日後生活的穩定與和諧。此外,若你正在尋找值得信賴的合作夥伴,或想與人長期共事(如室友、創業夥伴),也可以參考這個組合,多少能預見對方是曇花一現,還是細水長流。畢竟,與人相處,耐看與耐用往往更重要。

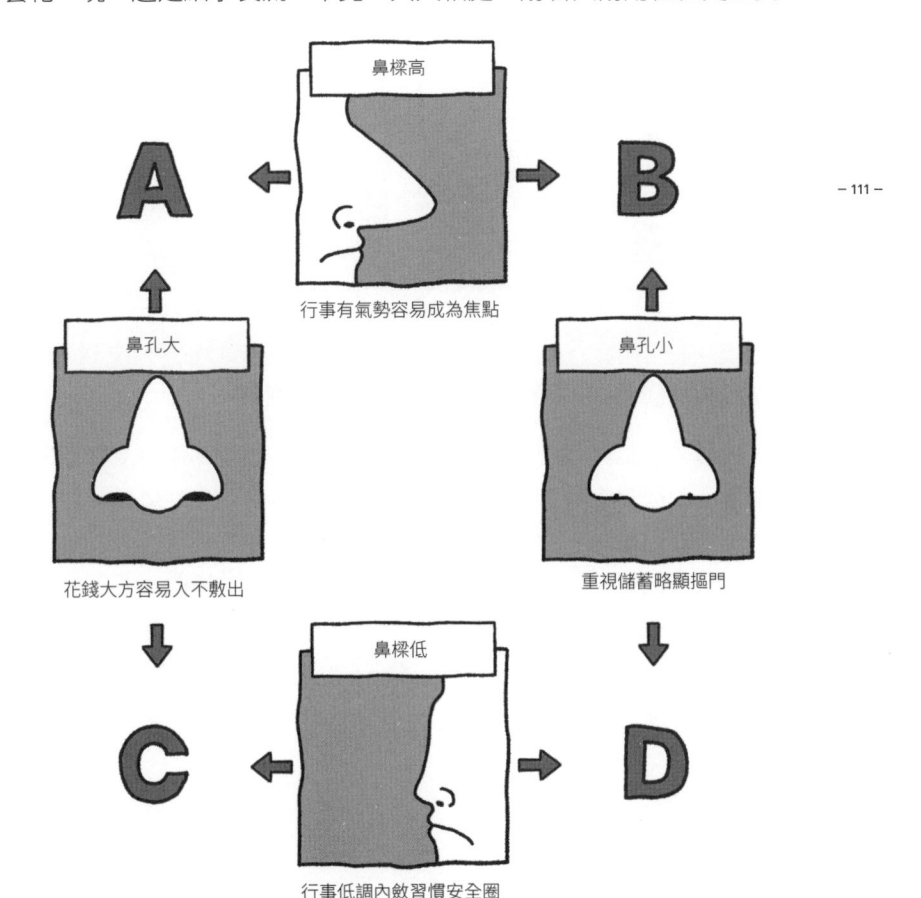

鼻樑高
行事有氣勢容易成為焦點

鼻孔大
花錢大方容易入不敷出

鼻孔小
重視儲蓄略顯摳門

鼻樑低
行事低調內斂習慣安全圈

A. 鼻樑高鼻孔大：大方豪爽的聚會中心

　　這類人自信爆棚、性格豪爽，待人熱情大方。雖然有些虛榮心和愛現傾向，但也因此很懂得炒熱氣氛。金錢對他們來說是用來享受與分享的，特別是在朋友聚會或社交場合，最常聽到他們拍胸脯說：「這頓我請！」不僅如此，他們人緣好、沒什麼偏見，也很願意在別人有難時伸出援手，是大家公認的「好咖」。不過，這樣的熱情若沒節制，也可能會一腳踏進應酬、酒精或其它放縱的陷阱。

B. 鼻樑高鼻孔小：很懂玩且不靠花錢取勝

　　這類人自信十足，但在花錢這件事上相當節制。你可能會看到他在聚會上大談美食與娛樂，侃侃而談，講得彷彿下一秒就要買單，但等到真的要結帳時，總能巧妙避開焦點。雖然看似小氣，但其實他們是懂得精打細算、享受生活的高手。這種人會在有限的預算下安排出充實又有趣的行程，別人花大錢參加豪華團，他卻靠一張地圖和一台相機，挖掘冷門景點、拍出質感美照，讓你忍不住在社群上按讚留言：「這也太會玩了吧！」

C. 鼻樑低鼻孔大：容易被影響的慷慨型合夥人

這類人性格溫和、感情豐富，容易受到他人影響，加上花錢大方，卻常因不自覺的熱情多付出不少。朋友聚會時，他們常常因為一時氣氛高漲，最後默默承擔起整桌帳單。即使不是刻意搶著請客，也總是那個說「不用啦，我來就好」的人。不過，若你要找合作夥伴，這類人是非常理想的選擇。他們樂於扛責任、配合度高，願意讓你做主、自己當後盾，就像在辦公室裡，那位總是默默完成你不想碰的瑣事，還順便幫你買了你忘了點的那杯咖啡。

D. 鼻樑低鼻孔小：踏實穩重一碼歸一碼

　　這類人個性謹慎、生活務實，不太冒險，也因此少有大起大落。雖然容易受他人影響，但他們對金錢有清楚界線，聚餐時總是第一個提出「我們分開算比較公平吧」，不會貿然買單，也不會強出頭。花錢有計畫、不逞強，屬於穩扎穩打型。要說做生意的話，可能會讓人覺得在合作上也許少了點衝勁與彈性，但若是當朋友，卻是讓人感到安心的存在。在日常相處中，他們不搶風頭，也不給壓力，卻總在你最需要時，靜靜陪著你。

史提夫・沃茲尼克（Apple 共同創辦人）
Steve Wozniak, 1950-

比起成功，
他更想當個安靜的工程師

為人謙遜但豪爽
鼻樑低 X 鼻孔大

　　如果說賈伯斯是那個讓蘋果發光發熱的人，那沃茲尼克就是那個讓蘋果「真的能動起來」的人。他從小就展現過人的工程天分，不只自己會做機器，還是當年赫赫有名的駭客之一。賈伯斯很早就發現這個技術宅男的潛力，兩人很快成為摯友。

　　Apple I，是他在電腦同好會裡「當玩具做出來」的東西，看起來像一堆亂七八糟的電線和電路板，但賈伯斯卻一眼看出它的價值，於是拉著他創業。沃茲尼克辭掉了在惠普的穩定工作，出錢又出力，成為 Apple 的共同創辦人，還親手打造了改變世界的 Apple II。

　　他的工程實力固然驚人，更讓人佩服的是他的氣度。Apple 成立前，賈伯斯接了 Atari 的案子，說只拿到 700 美元，其實是 5000 美元，整份案子還是沃茲尼克一手完成。更誇張的是賈伯斯還故意報假時程，為了能配合自己出國玩。等他多年後發現真相，只是笑笑帶過，沒再追究。

　　他甚至還將自己手上的 Apple 股票幾乎免費分給早期員工，這個善舉被稱為「沃茲計畫（Woz Plan）」。在科技業那麼多逐利的故事中，沃茲尼克是一個稀有的存在。一個純粹的工程師，一個真正把「共享」當信仰的大人物。

13 鼻樑高度與耳朵大小

耳朵大的人，對新知接受度高，不容易有成見，因此往往知識豐富、見多識廣。不過，他們吸收的速度雖快，卻少有懷疑精神，容易停留在「知道很多」，但難以跨越原有知識框架。相較之下，耳朵小的人則截然不同。他們什麼都要先經過「自己的判斷」這一關，就連公認的常識，也會提出疑問。他們不輕易相信，卻因此更容易跳脫框架、發展出創新觀點。不過，懷疑一旦過了頭，也可能導致偏聽偏信、知識吸收失衡。這時就要看「鼻子高不高」了，因為鼻樑高度象徵一個人的自信，也決定了他是否能堅守判斷、不被雜音左右。簡單來說，耳朵看你怎麼聽，鼻子決定你信不信。

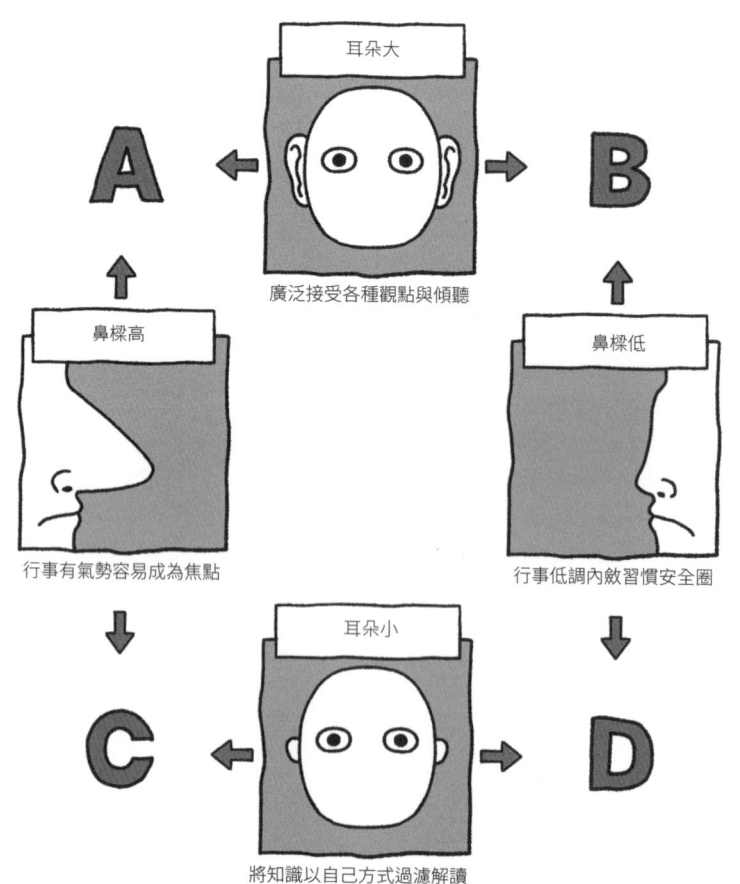

耳朵大
A ← → B
廣泛接受各種觀點與傾聽

鼻樑高
行事有氣勢容易成為焦點

鼻樑低
行事低調內斂習慣安全圈

耳朵小
C ← → D
將知識以自己方式過濾解讀

A. 鼻樑高耳朵大：懂很多是最佳優化王

這類人吸收力強，對新知從不設限，聽得廣、記得快，還能靈活運用。雖不太會天馬行空創造全新事物的東西，但只要交給他們「有一點不夠好」的事物，就能變出令人驚艷的改良版。像是在辦公室裡，別人提案卡關，他們一出手，不會大張旗鼓地宣傳自己，而是默默加一段更順的流程、換一個更省錢的材料，最後整個企劃莫名順利通過，主管私下還會說「還好有他補那一刀。」逛街時也很有感，他們總能一眼發現哪件衣服「剪裁改一下就會更時髦」，或者試吃一口就說「這加一點檸檬汁會更好吃吧？」讓人忍不住想說「你不如直接去開品牌好了！」

A型人發明的：
- 零卡可樂
- 桃子口味可樂
- 橘子口味可樂

A型人做不出來的：
- 可樂本尊

B. 鼻樑低耳朵大：是連結過去與未來的人

這類人知識豐富、見聞廣博，但相較於創新突破，更擅長把既有的事物維持得井然有序。你可以把他們看成能幹的行政官員、可靠的系統維護者或是傳統技藝的守護者。不太會主動挑戰體制，但一旦體制確立，交給他們執行準沒錯。他們也很適合當老師，特別是在需要傳授經驗與守住核心價值的領域中，能展現十足穩定感。在職場裡，他們是那種了若指掌、知道哪個申請表要幾份、哪天會計不在，還順

手幫你補了蓋章的人；生活中則可能是那位總記得帶傘、備好常備藥，還會叮嚀你「這種情況我以前遇過，應該要這樣做比較好」的朋友。不是最閃耀的主角，卻是你最依賴的後盾。

> 師兄！我要留在這裡！
>
> 什麼？不去江湖闖一波，揚名立萬嗎？
>
> 師兄你走了，那誰來教徒弟？這其實也是我一直以來的夢想─成為別人的引路人！你就出去闖出名聲吧！
>
> 嗚哇～師弟～！

＊其實是不想搬出去繳房租

C. 鼻樑高耳朵小：才華爆棚的井底之蛙

這類人通常在某個領域裡鑽研極深，不靠死背，而是理解消化之後變成自己的知識。他們自信心強、邏輯清楚，對現成理論不輕易點頭，往往一開口就顛覆全場、挑戰常規，是天生的創造者與發明家。但也正因為如此，他們容易太有主見，不僅聽不進別人意見，有時還讓人摸不著頭緒。

在工作場合，你可能見過這樣的人，會議時全程不說話，一開口就提出一個顛覆整個企劃方向的建議，然後拒絕改變任何一個細節。總之，他們是那種「你覺得他怪，他覺得你不懂」的人，這就是天才與怪咖的界線，有時真的只差一點點。

D. 鼻樑低耳朵小：一個人不行一群人可以

這類人潛力不小、腦袋靈活、想法新穎，也有能力創新改變，只是少了那麼一點點「自己來就能搞定」的自信。他們傾向尋找理念相同的夥伴，一起合作、共同前進。你可能覺得他們有點畏縮、不愛出頭，但這正是他們的強項，他們不搶頭香，也不愛搶話，但往往是那個默默建立共用雲端資料夾、幫大家記錄結論、在群組補一句「我幫你問問看那個窗口」的人。當然，如果找不到合適的團隊，他們也可能變得牢騷不斷、容易喪氣，彷彿每天都在嘆氣：「為什麼這世界都不懂我？」但只要搭上合拍的同伴，他們就能像齒輪一樣穩穩轉動，讓原本卡卡的專案、冷冷的氣氛，瞬間運轉起來。

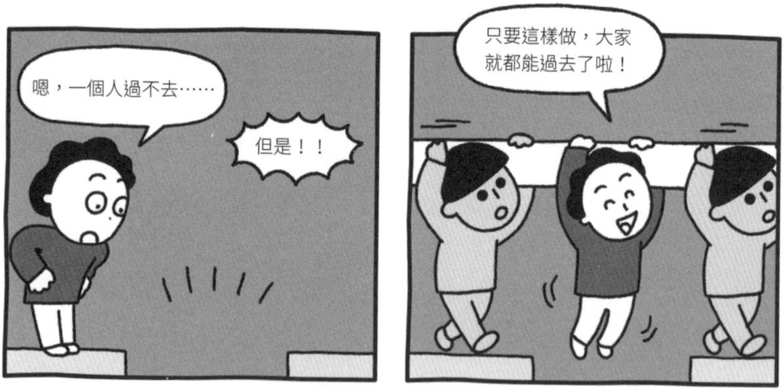
嗯，一個人過不去……
但是！！
只要這樣做，大家
就都能過去了啦！

比爾・蓋茲（微軟創辦人）
Bill Gates, 1955–

技術與商業雙棲的軟體教父

充滿自信又聰明
鼻樑高 X 耳朵大

　　如果說保羅・艾倫是那位在暗地碼出核心程式的魔術師，那比爾・蓋茲就是舞台上的掌舵者。他兩人攜手創立了微軟，但在幕後分工上，蓋茲負責指引方向、談合約，艾倫則專注在低調的程式魔法。

　　蓋茲的程式碼雖然不若艾倫精雕細琢，卻能快速帶隊完成產品。他最早的一點點程式貢獻，多半是把艾倫的構想完善、整合到團隊中；必要時，他也會直接買來別人的軟體，再偷偷「加點料」變成自家版本。

　　真正讓他名垂千史的，並不是寫程式，而是那筆「改變遊戲規則」的商業合約。在 1980 年代初，他與 IBM 喬出一紙合約，由微軟提供作業系統。當時，蓋茲迅速出手，只花小錢買下 Q-DOS，改造成 MS-DOS，結果這成了電腦界的標準配備，也讓微軟一夜成名。

　　接著，他又鎖定圖形介面（GUI）這塊新市場，砸錢收購了蘋果的 GUI 專利，並推出 Windows 1.0，雖然當時還是粗糙版，但卻足以點燃軟體業的下一波革命。

　　有人批評他缺乏一次創新的靈感，倒更像是一位「機會獵人」，只要看準潮流趨勢，就能把別人的點子商品化，成功地推向市場。沒錯！比爾・蓋茲或許不是最狂野的創意怪傑，但沒人比他更懂得把技術轉化成黃金，讓整個軟體產業都跟著他的節奏起舞。

14 鼻樑高度與下巴形狀

當你初次加入一個群體，或正在觀察「這個人能不能成為朋友」時，觀察對方的鼻樑與下巴，其實會是個有用的線索。這兩個部位透露的是一個人面對人際關係時的自信心與考慮他人的能力，而這些特質通常會反映在言談舉止之中。不過要注意的是，有些人脾氣直，話不多，但關鍵時刻卻敢挺身而出；也有些人太圓滑，反而說不出口實話，錯過化解衝突的時機。想想在會議上敢發言的主管，或是那個什麼事都默默幫忙但話不多的朋友，也許他們的臉就透露了一點線索。

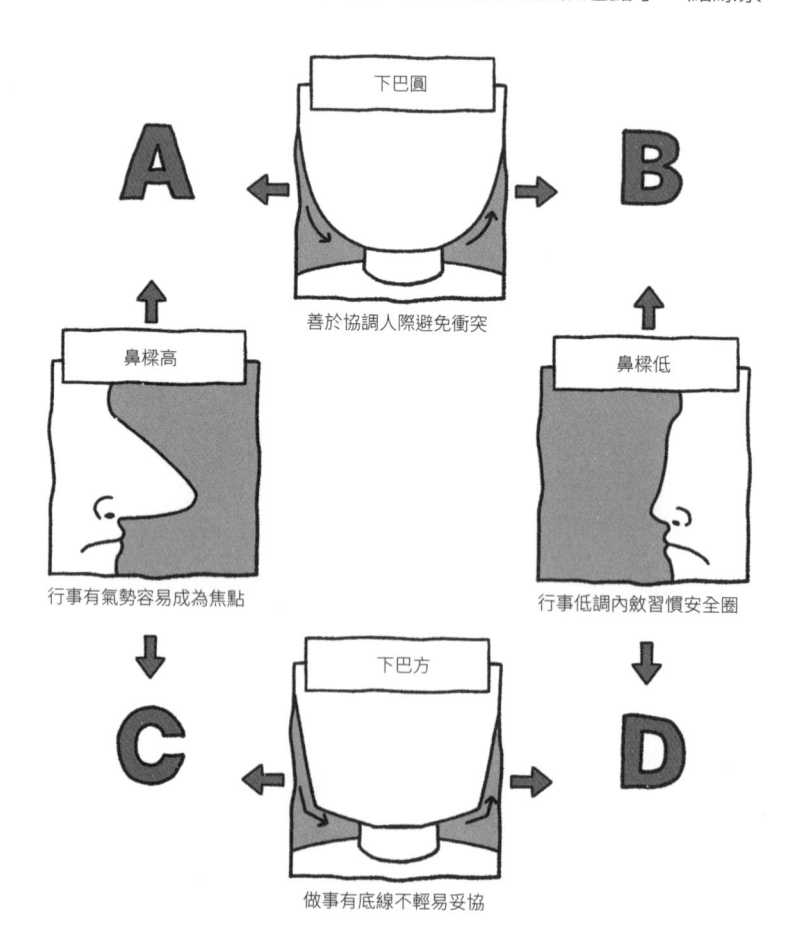

A　下巴圓　B
善於協調人際避免衝突

鼻樑高　鼻樑低
行事有氣勢容易成為焦點　行事低調內斂習慣安全圈

C　下巴方　D
做事有底線不輕易妥協

A. 鼻樑高下巴圓：自信又好相處的陽光隊長

他們看起來隨和得像鄰家大哥，實際上卻有一種讓整個團隊穩定下來的魔力。即使是身為領導者，他們也不擺架子，反而能創造出輕鬆又穩定的氛圍，讓身邊的人都能自在發揮。他們擅長帶動討論，語氣輕鬆卻有重點，哪怕觀點不同，也很難吵起來，因為他們討論完就真的「討論完了」，完全不會記仇或耿耿於懷。像是在開會時，常看到他們拍拍同事肩膀說「你講得有道理欸，我改一下試試看！」講完還會幫大家訂飲料，下一秒氣氛就和樂融融。

＊職場生存守則：嘴巴誠實，態度要佛。

B. 鼻樑低下巴圓：體貼過了頭的好人

這類人天性溫和、待人親切，總是在群體裡扮演潤滑劑，卻也時常被壓扁不見。他們總是小心應對，深怕自己哪句話惹人不快，甚至會被同事或朋友稱讚「人真的很有禮貌」。但也因為自信不足，常常壓抑自己的意見，只說「對方想聽的話」，結果一場討論下來，大家只記得他笑得很溫柔，卻完全不知道他的立場是什麼。你會在部門會議上看到他們點頭如搗蒜「嗯嗯你說得很對，我也覺得可以啦。」多問他兩句就露出為難的微笑「欸……都可以啊，看你們方便～」像這樣的人。

C. 鼻梁高下巴方：個性不壞但真的不好親近

這類人信念明確、原則至上，做事堅決果斷，不拖泥帶水。他們的自信不是空口說白話，而是從「自己說到做到」裡長出來的。一旦下定決心，誰勸都沒有用。如果你夠幸運，能和他們建立起信任，那你會發現他們不只原則明確，還非常講義氣。不是嘴上說挺你，而是願意在你最需要的時候站出來說「這件事，我負責。」在職場中，他們是那種會當場打槍你簡報內容、還冷靜地說「這邏輯不通，建議重做」的人，不代表他討厭你，只是他就是這麼直白、這麼「講原則」。

D. 鼻樑低下巴方：嘴硬心軟的慢熱型

這類人性格外硬內軟，不太輕易改變想法，但他們又沒那麼有自信能強勢堅持，所以常呈現一種「嘴上逞強、內心遲疑」的狀態。乍看不好親近，像是講話帶刺、表情嚴肅，實際上卻比你想的還容易相處。只要你有耐心說服他，突破第一道防線之後，他會變成超可靠的神隊友。生活中，平常嘴巴最壞的是他，最會幫你收爛攤子的也是他，嘴上嫌你煩，卻會在你加班時默默買一杯熱豆漿放在你桌上，還假裝說是多買的。如果用一句話形容他大概就是「嘴上說不，行動卻很誠實。」

柯蒂斯・李梅（美國空軍上將）
Curtis LeMay, 1906–1990

不計代價總是衝在最前線的硬派將軍

心思縝密又自信固執
鼻樑高 X 下巴方

在戰場上，他是冷靜果決的指揮官；在私底下，他卻是個話少、不苟言笑的男人。柯蒂斯・李梅的聲音不大，表情總是沉著，但一開口就像下命令一樣，不容討價還價。

這位鐵血將軍，總能用令人瞠目的效率和魄力，執行看似不可能的任務。

第二次世界大戰期間，他目睹美軍轟炸機命中率低得可怕，因為飛行員害怕高射砲，經常還沒瞄準就草草投彈逃命。勒梅一改戰術，下令所有飛行員「不能閃躲，只能直線飛行」。這幾乎等於對士兵說「準備去死吧！」，但他不是只會出一張嘴的長官，因為他以身作則，親自站上第一線，駕駛領頭機飛在最前面。

他的每一場作戰，看起來都像是場豪賭，其實背後都有縝密的計算支撐。他是那種會把自己放在風口浪尖，也會聆聽基層抱怨的長官。他後來因立場強硬、鷹派作風而飽受批評，但即使在和平時期，各任政府仍然重用他，因為這樣的戰場統帥，實在找不到第二個。

比起說話，他更擅長用行動來傳遞信念。他或許不是「最親切的將軍」，但卻是士兵口中「可以信任的長官」，連關注軍中的福利制度也都比別人更加用心。

無論你喜不喜歡他那強硬到有些冷酷的風格，勒梅就是那種「即使戰死，也要帶頭衝第一線」的軍人典範。

15 鼻樑高度與額頭高度

額頭與鼻子是面相中與「事業傾向」關係密切的兩個部位，而這一型的觀察方式也相對清晰、好辨認。額頭高的人，視野通常也開闊，思考方向多元、不容易侷限；若鼻樑高挺，則通常具備自信心與自我驅動力，這兩項特質湊在一起，就是「天生的創業者特質」。相反地，如果額頭較低、鼻樑也不高，這類人則傾向深入鑽研、穩健務實，不屬於急先鋒類型，但卻是默默把每一步走穩的關鍵角色。這樣的人更像是天生的專業職人、工程師或可靠的團隊核心。當然，極端的臉型組合少見，建議你根據實際比例，靈活觀察、綜合判斷。

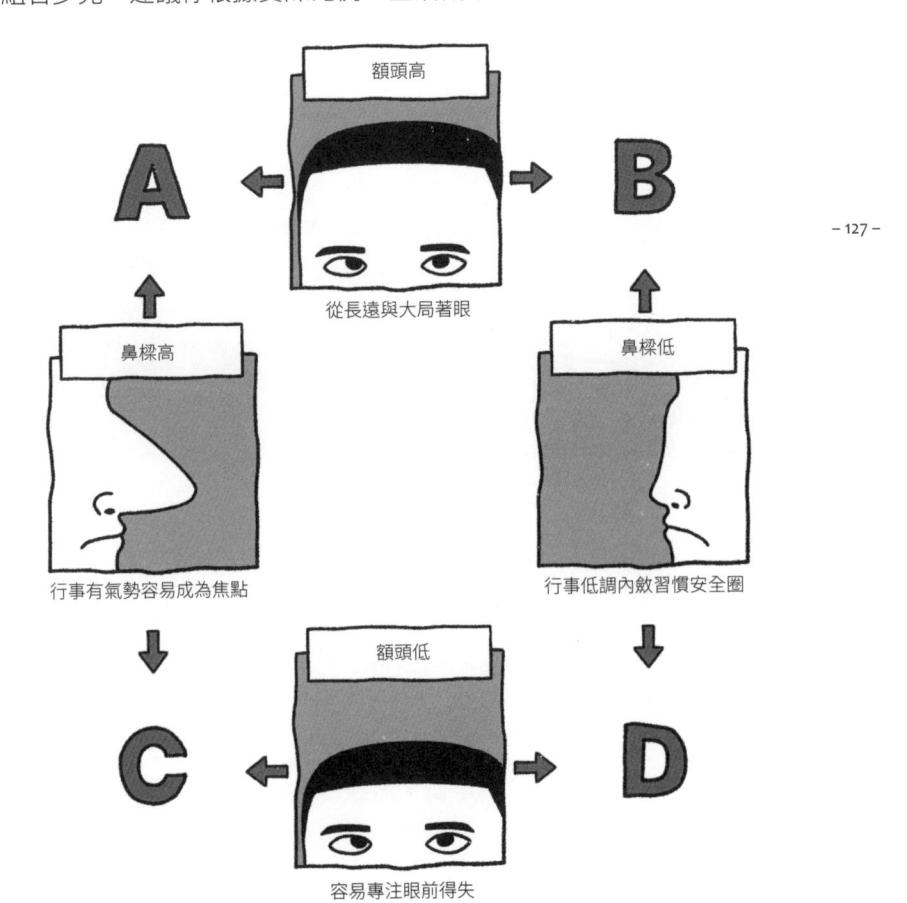

額頭高
A ← → B
從長遠與大局著眼

鼻樑高
↑
行事有氣勢容易成為焦點

鼻樑低
↑
行事低調內斂習慣安全圈

↓　　　　　　　↓
額頭低
C ← → D
容易專注眼前得失

A. 鼻樑與額頭都高：志向遠大不能困在小池塘裡

這類人眼界開闊、點子源源不絕，交際手腕也好，總是在人群中閃閃發光。因為既有自信又看得遠，無論是創意發想還是整合人脈，他們都能如魚得水。說他們是「天生創業咖」也不為過。但也因為這樣，他們不適合待在制度繁瑣、限制太多的環境裡。一旦空間太小、規則太死，他們的能力反而會受限，難以充分發揮，不但無法施展拳腳，還可能變成團隊眼中的「難搞分子」。在職場上，他們開會時火力全開、靈感像泉水一樣噴發，但只要主管一句「預算沒那麼多，照流程來」，他立刻變臉說：「這樣太無聊了吧，根本沒意思。」別誤會！他不是愛抱怨，只是真的「胸襟寬廣，難以忍受狹隘的環境」。

B. 鼻樑低額頭高：思慮過度的謹慎派

這類人眼界不小、人脈不錯、腦袋也很靈活，常常能洞察別人未察覺的機會。但可惜的是，太過謹慎，小心到什麼都還沒做，就先把可能出錯的地方列出十條以上。他們不是沒有想法，而是想太多、怕太多，總在確認 100% 的安全之後，才願意邁出第一步。在團隊裡，他們有時會變成氣氛煞車機，當大家熱烈討論某個新提案時，他們常會提出風險評估建議，讓熱烈討論的氣氛立刻冷卻不少。這類人如果

能找到一個能理解他、補足他果斷力的搭檔,那絕對是一加一大於二;但如果待在什麼都要搶快、創新至上的團隊,那他很可能變成天天皺眉頭、講不完顧慮的「那個人」。

＊這人居然想在詐騙遊戲裡講道理。

C. 鼻樑高額頭低:我走過的地方才叫路

　　這類人腦袋靈光、超有自信,而且常自帶一種「我就是要闖出一條新路」的氣場。你可能在他身上看到創業家的影子,實際上他更像是研究者出身、卻硬要自己創業的人。如果你身邊有人,憑藉少數點子與強烈熱忱嘗試創業,即使商業模式尚未完善,也急著行動,沒錯!他很可能就是這型人。運氣好,說不定真的能做出一番事業;但往往因過度執著,導致計畫受挫。其實這類人最適合的角色,並不是企業老闆,而是技術職或學術研究者。總結來說,這型人不一定好相處,但你不能不佩服他們的堅定。他們的信念只有一個「我想做的事,就是對的」。

D. 鼻樑與額頭都低：期待與回報成正比的踏實工匠

這類人天生是技術型人才或工匠類型，靠著勤奮與持續學習，慢慢練就專業功力。雖不以創意或領導著稱，卻以穩健執行見長，但對於交付的任務絕對認真完成，不拖不欠，是理想的職場典範。無論被放在什麼職位，都能勝任得體；但因為骨子裡就是標準的職場工作者，當權責不平衡或被要求超出合理範圍時，他們容易失去動力，工作效率隨之下降。總體來說，他們是踏實可靠的基石，期待給得越多，他們回報得也越多；只要環境公平，他們就是你最堅強的後盾。

鄭周永（韓國現代集團創辦人）
1915–2001

視人生如豪賭的
傳奇企業家

滿腔幹勁與堅定自信
鼻樑高 X 額頭高

在那個一窮二白的年代，他卻總想著「怎麼再更大一點」。鄭周永的人生充滿了與命運對幹的橋段，為了逃避「長子種田」的命運，他一連逃家五次，前四次都被抓回來，直到第五次才終於成功，在仁川當起粗工、遠離故鄉。在沒背景和沒資本的年代，他靠著一雙手做盡各種苦工，終於在首爾開了間汽車修理廠，之後一步步擴展為建築公司，再到打造世界級的造船帝國。

他的每一步都像小說情節一般，還沒造好船廠，就先接船的訂單；沒有草皮就種大麥來鋪地；別人還在算風險，他已經把整批機具裝上駁船、橫跨海洋送往中東的工地。如果遇上大風浪，不只是貨沉船，整間公司都可能沒了。但鄭周永就是那種人──「別人不敢動的事，我偏要試試。」

他最著名的冒險之一，是在韓國造船業還是空白時，就敢邊蓋造船廠邊蓋船、一邊造碼頭、一邊接訂單、一邊拚交貨期。這聽來像賭命，但他靠著天才般的規劃能力與執行力，讓賭局一一翻盤成功。其中一筆沙烏地阿拉伯的工程案，更是為南韓帶來相當於當年國家預算四分之一的外匯收入。

鄭周永不只是企業家，更像是創業界的探險家。他總是看得遠、衝得快，也從不怕全世界都說他瘋。他的人生證明了「有些事，真的只有做了才知道行不行」。

16 鼻孔大小與鼻翼大小

　　如果朋友開口借錢，你會立刻掏錢，還是先想三天？從你的鼻孔和鼻翼，也許就能找到答案。簡單來說「鼻孔越大，越有可能大手大腳、做事不怕風險；鼻翼越大，越懂得克制與計劃」。比如說，一個人鼻孔很大但鼻翼很小，那就要小心，這種人可能「花錢不手軟」，衝動消費、理財觀念薄弱。在面相學中，光是觀察這兩個部位，就能對一個人的金錢觀有基本的掌握。當然，面相只是提供一個參考，真正會不會亂花錢，還得看後天的教育與歷練，這都會影響一個人的實際作為，所以千萬別因為對方鼻孔大，就馬上認定他會揮霍成性喔！

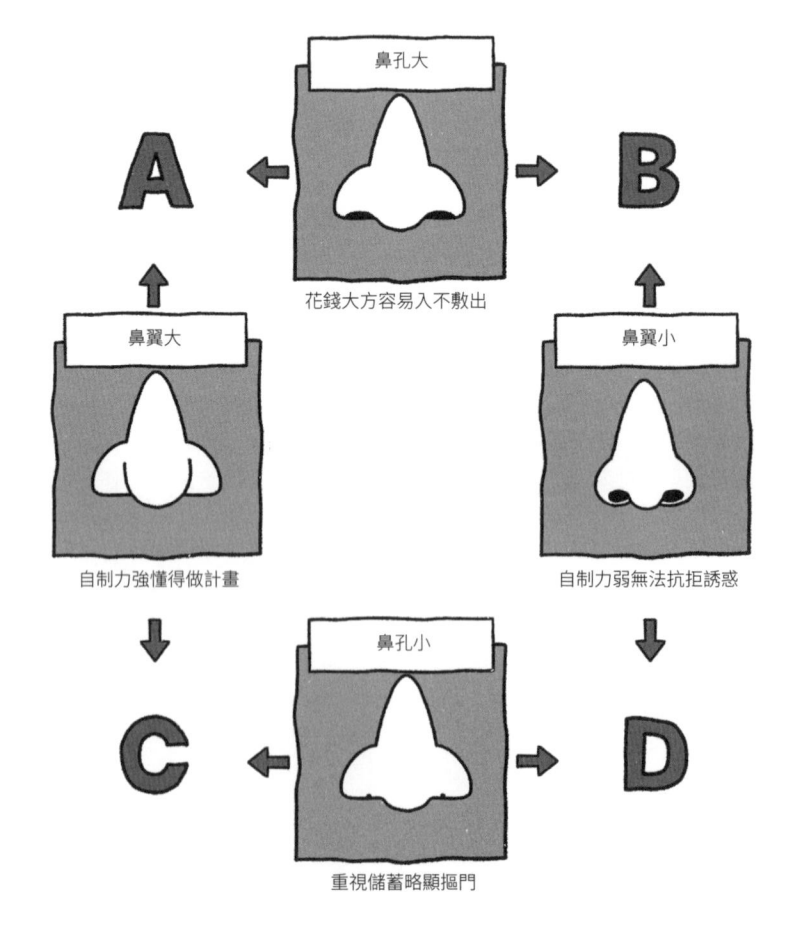

鼻孔大
A　　　B
花錢大方容易入不敷出

鼻翼大
自制力強懂得做計畫

鼻翼小
自制力弱無法抗拒誘惑

鼻孔小
C　　　D
重視儲蓄略顯摳門

A. 鼻孔與鼻翼都大：超理性的穩健型事業家

這類人收入不錯，賺錢能力強，但無論是創業還是投資都特別謹慎。雖然穩健是優點，但有時也會因為太過保守、想太多，錯過了絕佳時機。他們在擬定計畫前，會反覆思考、仔細推演，前期節奏可能讓人等得心焦；但一旦確定計畫，執行起來就毫不手軟，往往能穩穩達標。可以說是最穩定的事業型人格。在生活中，他們同樣謹慎又有紀律。家庭財務方面，絕對是那種旅行前會做 Excel 預算表、保險單年年更新、家裡帳目一目了然的人，但也因為太有規劃，有時會讓身邊人覺得壓力大。

＊「坐公車」也能講得跟操控特斯拉一樣高級。

B. 鼻孔大鼻翼小：敢衝敢花的感覺派

這類人收入可觀，手頭一向不緊，但真正讓人印象深刻的是他們「花錢的氣勢」。無論是創業、投資，還是日常消費，他們的行動邏輯很簡單「開心就好」。這類人常常靠直覺做決定、憑感覺拍板，有時像在「賭運氣」，但也因為眼光準、膽子大，常能賺到旁人不敢碰的第一桶金。生活中，他們就是那種朋友聚會一開場就說「今晚我請！」然後真的買單的那種人。這類人若能將慷慨用在公益與慈善，會成為大家口中的「人美心善」代表；但若缺乏節制與長遠規劃，可能在高峰過後跌得很快。他們的成功與失敗，往往就在一念之間。

C. 鼻孔小鼻翼大：一毛不拔的儲蓄達人

這類人賺得不多，但也花得少，可說是「精打細算」的典範。日常生活中，他們可能是那種大家吃完飯在掏錢時，剛好彎下腰「綁鞋帶」的人；查遍所有比價網站，甚至放進購物車三天，但最後還是關掉網頁「省下這筆，明年也許能換機車輪胎」。矛盾的是，這類人常常在晚年突然轉性，選擇把畢生積蓄捐出去，彷彿終於釋懷「我守了大半輩子的錢，該有點意義才對。」他們的人生寫照，就是從極端儲蓄走向極端放手，儘管很慢，但一旦鬆手，就鬆得漂亮。

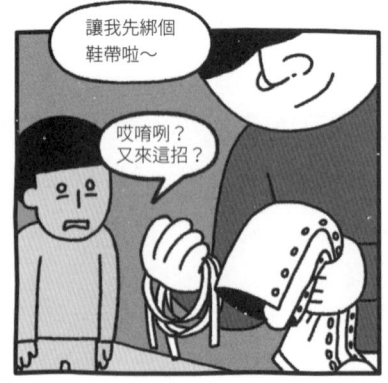

＊根據統計，「綁鞋帶」是最常見的手法之一。

D. 鼻孔與鼻翼都小：錢不多但人情味滿分

這類人收入不高、積蓄不多，卻從不吝嗇。身上沒幾張鈔票，請客吃飯卻從不手軟；明明自己租房子、騎機車、戶頭裡還剩不到一張小朋友，卻還是能笑著買下你愛的咖啡，甚至還會在朋友低潮時出現，說一句「來啦，我請你喝一杯」。借錢給朋友，從不寫借條；聽說有人遇到困難，會先掏錢再問清楚細節。生日送禮不求回報，過年包紅包也從不手軟，就算自己之後得吃泡麵，也不想讓人失望。這類人是社交圈的潤滑劑，也是聚會中最受歡迎的一群，因為他們對錢沒有太多計較，但對人卻有滿滿的在意。他們的金錢信仰簡單：朋友不開心，比什麼都虧。

沃倫・巴菲特（美國投資大師）
Warren Buffett, 1930–

以節儉與慈善著稱的「奧馬哈先知」

超強自制力與節約精神
鼻孔小 X 鼻翼大

　　如果你以為世界首富一定住豪宅、開名車，那麼沃倫・巴菲特會讓你大跌眼鏡。這位一生長居內布拉斯加州奧馬哈的投資大師，住著數十年前買的老房子，早餐固定在麥當勞解決，手機一定比你爸的還舊。

　　雖然他的財富與名聲早已登峰造極，卻仍活得像個中產階級老爺爺一般。

　　年輕時的巴菲特，的確也是個「賺不多但很會省」的人。從賣可樂、口香糖、報紙開始，他用零錢投資股票，第一次賣股只賺了 5 美元，沒想到那支股票後來漲了五倍。他悔恨不已，也從此學會耐心。大學時，他當過講師、也兼差跑腿，點點滴滴存下的收入，成了日後的投資種子。

　　1956 年，他回到家鄉創立了自己的投資公司，也從此踏上傳奇之路。穩健、理性、逆勢操作，成為他的投資哲學，讓他年復一年穩定創造高報酬。

　　但真正讓巴菲特成為「現代賢者」的，不只是他賺了多少，而是他願意給出多少。2006 年，他公開承諾將 99% 以上的財富捐出，大部分交給慈善夥伴比爾・蓋茲基金會。他的這份「捐贈誓言」，也啟動了全球億萬富豪的公益浪潮。

　　巴菲特不靠炫耀致富，也不靠炒作撈錢。他靠的，是對數字的理解、對風險的敬畏、對慾望的節制。他的智慧不是紙上談兵，而是從股市數據一路修煉到人生格局。

17 鼻翼大小與嘴唇厚度

雖然我們習慣以「鼻翼大小」來分類,但真正值得留意的,是從正面觀察時「鼻孔露出的程度」。因為鼻翼大但貼合的,也可能看起來鼻孔不明顯;而鼻翼小、鼻孔外露的,反而更顯情緒外放與衝動。而「嘴唇的厚薄」,則揭示了一個人在判斷事情時是偏向感性還是理性,以及慾望的強弱。唇薄者,多半以理性為主、慾望也較淡;唇厚的人,則通常情感豐富、對慾望的敏感度也高。這兩個特徵的組合,不僅能看出一個人消費時是精打細算,還是情緒性爆買;也能看出他做生意時是冷靜謀略派,還是衝動膽大派。甚至也能一窺這個人在感情中的樣貌,是習慣謹慎觀望、步步為營,還是容易熱情主動、愛得轟轟烈烈。

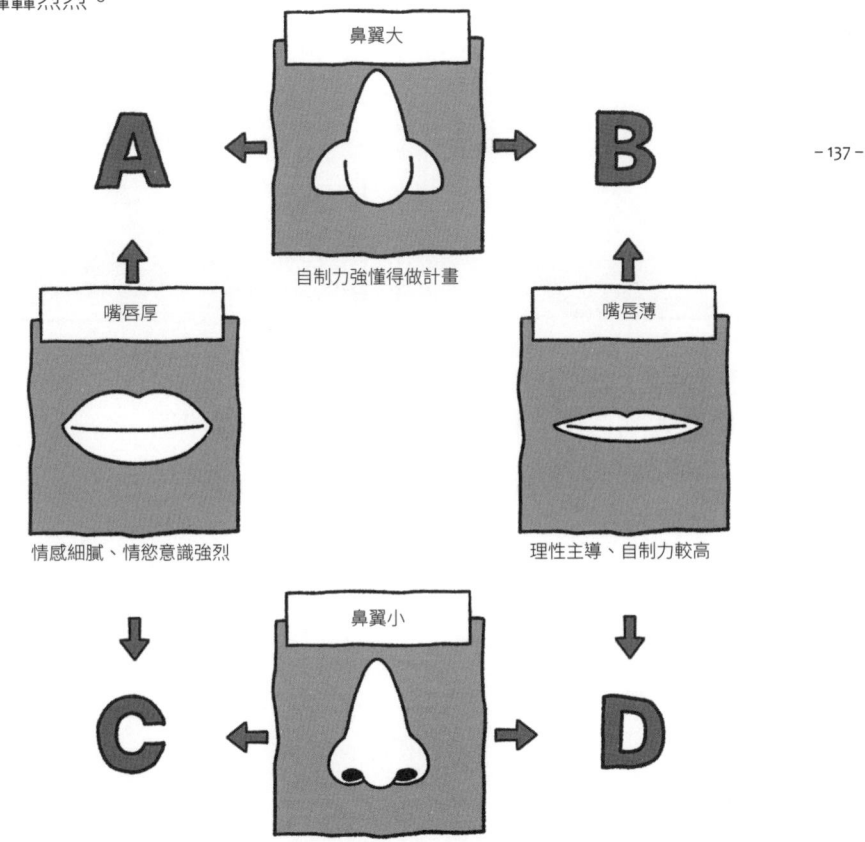

鼻翼大
A ← → B
自制力強懂得做計畫

嘴唇厚
↑
情感細膩、情慾意識強烈

嘴唇薄
↑
理性主導、自制力較高

鼻翼小
C ← ↓ ↓ → D
自制力弱無法抗拒誘惑

A. 鼻翼大嘴唇厚：熱情澎湃卻有自己的底線

這類人戀愛來得快、也容易陷入熱戀，一談起感情就像進入偶像劇，每個眼神都充滿火花。你可能會看到他約會時笑得燦爛、貼心送花送卡片，以為他會砸大錢討好對方？錯！他其實很懂得「有感不等於亂花錢」。像是吃飯選中價位、有紀念意義的小禮物反而最對他胃口。他是那種慾望強烈卻懂得自制的人，看起來放電技能滿點，實際上卻絕不輕易跨越感情界線。即使婚後偶爾對外貌吸引力產生反應，心裡那條「不能亂來」的線依然守得死死的。他們是浪漫與自律兼具的類型，內心信念是「我可以愛得濃烈，但絕不越界」。

B. 鼻翼大嘴唇薄：愛在心裡口難開的可靠伴侶

這類人是戀愛市場裡的「隱形優質股」，有肩膀、有實力、有責任感，但你很難從他嘴裡聽到一句「我喜歡你」。他對感情的表達不靠語言，而是默默接你下班、替你修水龍頭、記得你怕冷替你多帶一件外套。別指望他在情人節送花、寫卡片、搞浪漫告白，這類鋪張的浪漫劇情對他來說既不自然，也有點彆扭。但若你願意多走幾步靠近，就會發現他是一旦交心、就會為你撐起一整個世界的人。他們的戀愛信條是「不說不代表不愛，行動才是最深的告白」。

C. 鼻翼小嘴唇厚：戀愛腦全開來的快也去得快

　　這類人一談戀愛就會整個人「陷進去」，不只是心，連錢包都一起奉上。剛開始交往那幾週，對方可能會以為自己中了樂透，不但吃大餐、收名牌禮物，甚至連租房押金、手機帳單都有人搶著買單。他們對愛的付出沒有上限，只要陷入熱戀，連自己的底線都會變得模糊，今天說要買車給你，明天可能就會說「要不要乾脆一起創業？」只是，這樣的火花雖然耀眼，卻也容易燒光。他們像一列忘了剎車的列車，愛得猛烈，也常煞不住，最後讓彼此都筋疲力竭，不容易穩定長久。這類人的愛很濃烈，但也常常太快枯萎。就像街頭那束過於盛開的玫瑰，看似燦爛，卻最難保存。

＊朝鮮後期小說，主角周旋於八位女子之間，原本是用來傳達佛教思想的。

D. 鼻翼小嘴唇薄：一旦愛上就全心全意的純情派

　　這類人不是一眼就讓人心動的類型，但如果有機會走進他們的內心，會發現他們的愛是最安靜、卻也最堅定的。戀愛前，他們不會主動出擊、也不擅長說甜言蜜語，是那種讓你忍不住想問「你是不是對我沒感覺？」但其實早就在背後為你默默付出的人。一旦進入關係，他們就像一顆恆星，穩穩地圍繞著你轉。他們不太在意自己的需求，反而把對方的感受放在第一位。你說想吃什麼、想去哪裡、最近壓力大，他們總會記得，然後悄悄安排好一切。他們對愛的定義很簡單「只要你開心，我就幸福。」是那種即使生活樸實無華，也能把感情經營得無比深刻的人。

白石（朝鮮詩人）

1912-1996

用詩傾訴鄉愁與情慾的摩登男子

炙熱情感與無限慾望
鼻翼小 X 嘴唇厚

　　1930 年，還只是十幾歲少年的白石，就以一篇描寫不倫戀的短篇小說，探討人類慾望，獲得《朝鮮日報》新春文藝獎。這場文壇初登場，揭示了他熱愛直視人性黑洞的創作本色。之後他赴日留學，學習英文、俄文、法文、德文與中文，回國後進入報社工作，筆耕不輟，也翻譯介紹歐美作家散文，並正式展開詩人生涯。

　　據說他的初戀是一位 18 歲的新女性「蘭」，白石多次遠赴統營探望她未果，滿懷遺憾地以統營為背景，寫下多首詩作。後來「蘭」嫁作他人妻，白石甚至曾造訪她的新婚住所，並把那些複雜情感，一一寫進詩裡。他的愛總是炙熱、奔放，甚至帶點破壞性。

　　他的人生也宛如浪跡天涯的旅人－曾在咸鏡南道任教、回到首爾擔任編輯、又遠赴滿洲，最終落腳故鄉平安道。歷經韓戰，與南方徹底斷裂後，他選擇留在北方，並終老一生。

　　白石的詩作以感性、細膩、帶著濃濃的鄉愁聞名，但他那一段段濃烈而衝突的愛情，卻也經常成為人們私下談論的焦點。他有三段正式婚姻，還有許多自稱與他有私交的女性，難以盡數。以當年標準來看，他不僅外貌俊朗，還身高 185 公分，是當時罕見的「高帥才子」。

　　就像他的詩一樣，他的人生不斷超越語言與情慾的界線。在那個時代，他點燃了無數人的想像與渴望。

18 鼻翼大小與眉毛長度

　　與其說社會像戰場，不如說每個人天生就是某種戰士，帶著各自的戰術邏輯與處世節奏。有些人適合帶隊衝鋒、快速收割勝利；有些人則更擅長部署少數人力，穩紮穩打，贏在細節。而這一切，其實可以從「鼻翼大小」與「眉毛長度」看出端倪。鼻翼越大，越有行動力與野心，習慣主動出擊、當機立斷；鼻翼小的人則較注重過程與風險評估，做事謹慎、不輕易出手。而眉毛越長，越代表這個人擅長帶人、組織力強；眉毛短的人則更傾向獨立作業，自己扛事、自己解決，不假他人之手。這樣的組合，不只透露一個人適合在職場中扮演哪種角色，也能看出他在人際互動中的定位。

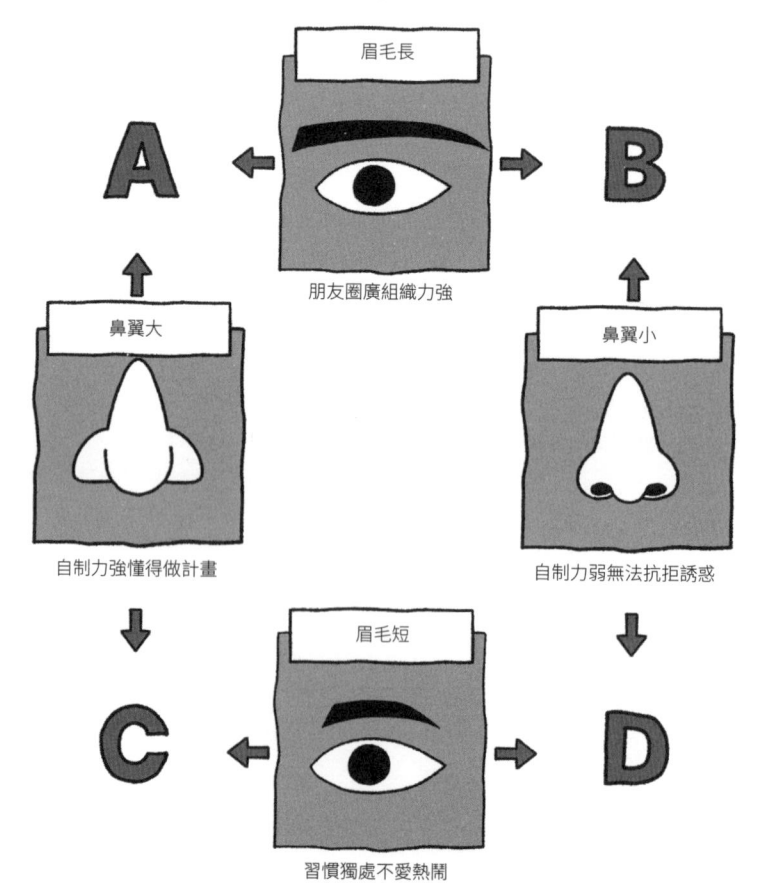

眉毛長
朋友圈廣組織力強

鼻翼大
自制力強懂得做計畫

鼻翼小
自制力弱無法抗拒誘惑

眉毛短
習慣獨處不愛熱鬧

A　B　C　D

A. 鼻翼大眉毛長：精準調度的領隊型戰將

這類人眼觀四方、耳聽八方，特別擅長看出每個人擅長什麼，並在關鍵時刻調度得宜。他們不慌不忙，哪怕情況再緊急，也能迅速抓出問題核心、下達明確指令，是辦公室裡那種「只要他在，大家就有方向」的存在。不過也因為太過專注目標，經常自己獨自完成大部分工作，讓團隊感受到不小的壓力。聚餐時他會早早離開、工作群組裡只回重點，連生日都只用一句「生日快樂」帶過，遇到緊急狀況時，他總是那個你第一時間想尋求協助的支柱。

B. 鼻翼小眉毛長：過度投入型的勝率至上主義者

這類人最擅長「把安全的事做到最完美」，本來就穩贏的局面，他還是會調動所有資源、再加碼一波，務必要把事情做到滴水不漏。遇到報告簡報、活動規劃，他總會排出最豪華陣容、準備最齊全物資，就算大家覺得沒必要，他也會堅持「寧可太多，也不能不夠」。但也因此，當情況反而需要精準分配與彈性應變時，他反而可能讓場面更混亂。特別在不確定性高的專案中，他會因為太依賴人脈、太多備案，反而找不到真正該解的核心問題。開會時，他總能拋出十幾個備案，卻很少明確表態支持哪一個；買便當多點五份，結果自己默默帶回家連續吃了三天。

C. 鼻翼大眉毛短：有自己一套的沉穩型老兵

這類人不像職場上的主角，講話不多、也不太表現情緒，但只要他出現在團隊中，就會讓整個節奏變得穩定。他有自己的一套做事邏輯，不太輕易接受組織突然改變既定流程，比起照本宣科的流程，他更相信「我的方式才是最實在」。如果制度太花俏，他會默默照自己方式處理，結果通常也不會差；下班後，同事們還會偷偷感謝他默默承擔的那些麻煩。

D. 鼻翼小眉毛短：有點自我中心的難搞實力派

　　這類人對自己的判斷有絕對的信心，事情只要交給他，他會全力以赴，不過，前提是他必須認為那件事值得他親自出手。一旦他認為某個任務只是浪費時間、或者主管根本搞不清狀況，他就會明確劃清界線，甚至冷眼旁觀，嘴上還會補上一句「這我不做」他對自己的價值十分清楚、做事效率也高，但往往難以與團隊磨合，因為他對別人的失誤毫無耐性，卻對自己的漏洞睜一隻眼閉一隻眼。他能和團隊合作，但絕不會為了湊合而犧牲原則，哪怕那意味著孤軍奮戰。

＊偷懶界的經典台詞。

亨利・季辛吉（美國前國務卿）
Henry Kissinger, 1923-2023

在讚譽與爭議中前行的
「美國外交操盤手」

用極高自制力掌控龐大體系
鼻翼大 X 眉毛長

如果要用一句話形容亨利・季辛吉，許多人會引用他最知名的外交格言「沒有永遠的敵人，也沒有永遠的朋友，只有永遠的利益」。這句話，正是他冷峻而務實的外交風格縮影。

身為冷戰時期美國的「外交操盤手」，季辛吉活躍於全球衝突與緊張的第一線，從越戰、拉美政變、中美破冰，到中東和平談判，無役不與。他善於操控時局，以理性算計換取外交利益，是少數能在對立兩強間斡旋成功的人物之一。但也因此，他的名字經常與「現實主義」、「功利主義」甚至「無道德底線」劃上等號。

對季辛吉的批評，集中在他對道德的漠視。他奉行「美國利益至上」，即使對方是獨裁政權，只要對美有利，他也能大力支持。他曾主導支援智利軍方推翻民選總統阿揚德，也默許阿根廷軍政府的暴行。這些決策雖為美國創造短期戰略優勢，卻也在當地留下難以抹去的傷痕與血債。

他亦是「瘋子理論（Madman Theory）」的代表實踐者，有意讓對手相信自己可能隨時按下核武按鈕，以恐懼迫使對方讓步。這種帶有恫嚇色彩的戰略極具風險，稍有誤判便可能引爆衝突。唯有對戰局精準掌握與近乎冷血的心理素質，才能駕馭這樣的高張力博弈。對季辛吉而言，它是有效的外交手段；對他的團隊而言，則是無休止的壓力與過勞。

在他漫長的一生中，季辛吉始終站在世界外交的核心舞台，收穫諾貝爾和平獎的掌聲，也承受無數人權組織的批評。他象徵了某種「以現實為名義」的冷戰外交邏輯，把世界視為棋盤，把人命當作籌碼，他不尋求被理解，只求有效行動。在他的眉眼之間，彷彿刻著世界地圖的縱橫線。他的策略冷靜到近乎殘酷，卻無可否認地改變了歷史。

19 嘴巴大小與嘴唇厚度

　　雖然我們常說「從說話看人」,但真正藏著線索的,其實是「嘴型」和「嘴唇」。嘴巴大的,多半是遇事不慌、能笑著化解衝突的樂觀派;嘴巴小的,則習慣深思熟慮、會去拆解每一個環節背後的原因。而嘴唇厚的人,重情重義,喜歡靠人情與默契建立信任,談合作時會說「這個人我熟、交給他沒問題」;嘴唇薄的則更重邏輯與原則,會先問「細節有講清楚嗎?合約怎麼寫?」這兩部位的組合不只影響說話風格,也影響他們在人際與工作上的信任建立方式,同時讓人一眼看出誰適合當潤滑劑,誰適合當決策者。開會時,嘴大唇厚的人會先說笑讓大家放鬆,再從人情角度提出建議;嘴小唇厚的人則默默觀察,氣氛一尷尬就幫忙圓場。嘴大唇薄的人講話邏輯分明,擅長用條理說服眾人;而嘴小唇薄的人一開口就直指問題核心,不浪費一個字,也不怕場面冷掉。

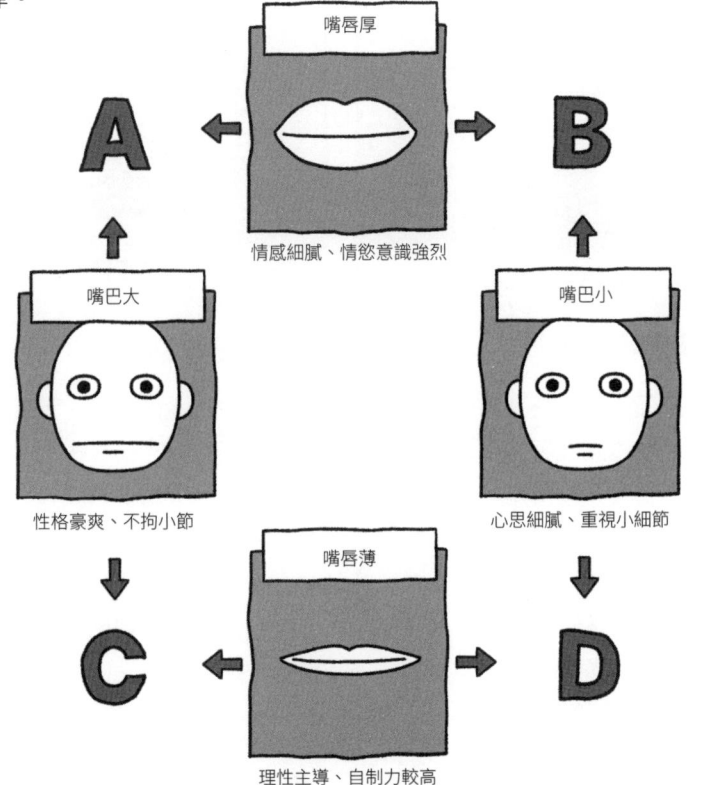

嘴唇厚
A　　　　　B
情感細膩、情慾意識強烈

嘴巴大　　　　　嘴巴小
性格豪爽、不拘小節　　　心思細膩、重視小細節

嘴唇薄
C　　　　　D
理性主導、自制力較高

A. 嘴巴大嘴唇厚：樂觀厚道的老好人

　　這類人不拘小節、總是笑臉迎人，就算遇到麻煩也能一笑置之。他們是那種「大家一起扛就不辛苦」的天生樂觀派，對困難總抱持「只要有心就能過去」的態度。身邊的人有難，他一定第一個跳出來幫忙，無論是陪跑醫院還是借錢解燃眉之急，他從不吝嗇出手。但也因為心太軟、信太快，常成為親友圈裡最容易被利用的人。有時因過於熱情，讓人誤會他不懂得保持距離。他就是那種會幫新同事佈置座位、熱心揪大家吃飯，但也常因太熱情而讓同事覺得「你幹嘛管這麼多」，下班後偶爾會獨自嘆氣，心想自己是不是太多事了。

B. 嘴巴小嘴唇厚：人脈緊密的細膩型黏著劑

　　這類人對人特別有情有義，總是默默留意別人的狀況，有人悶悶不樂、沒發文幾天，他都會記得去關心。他們相信「只要人對了，事就成了」，一有困難，第一反應就是找人幫忙、串起各種關係來解決問題。哪怕是小事，也會認真安排「找誰來比較順」，人際資源比雲端硬碟還整齊歸檔。但也因為太在意他人眼光，常常話到嘴邊又吞下去，怕惹人不開心、怕自己說錯話。你會在聚餐時看到他輕聲安慰默默離席的同事，或在團隊群組裡不說重話，卻私下一一關心補位，成為大家最依賴的柔軟力量。

*＊B型就是親切到被坑的節奏。

C. 嘴巴大嘴唇薄：講邏輯不靠人脈的分析師

這類人說話直白，做事俐落，凡事先理性拆解再下判斷，不太受情緒與人情綁架。他們不容易慌張，越是緊急的狀況越冷靜，腦中早已排好選項清單，權衡利弊後就能立刻做決定，是團隊裡最不拖泥帶水的一群。他做事憑藉自己的分析與判斷，不輕易被他人影響，這樣的作風雖然高效，卻也容易讓同事感到壓力或不被理解。在開會時他總是據理力爭，不太會顧慮別人面子；聚餐時常是拿個便當盒，快速吃完就離開，不太參與八卦，讓人覺得他有點孤僻，其實他只是忙著在腦中理清思路。

D. 嘴巴小嘴唇薄：過度思考的理性完美主義者

　　這類人講求邏輯，但比起快速反應，更傾向深思熟慮。每個想法都要經過多次推敲、反覆驗證，確保能讓所有人都理性接受，才願意開口發表。也因此，他常在會議裡提出精準的意見，卻總是慢了半拍，讓人心疼的同事，好點子總是晚了一步。在關係上他們不缺理性應對的技巧，也懂得保持禮貌距離，但就是讓人覺得少了一點溫度。不會犯錯，卻也不容易被親近。在團隊聚餐時他準時出現，客氣寒暄，但不多話，連最喜歡的菜色也不輕易透露，讓同事猜不透他的心思。

艾瑞克・施密特（Google 前執行長）
Eric Schmidt, 1955-

在自由派工程師中堅定守住自己的角色

大膽又謹慎的決策者
嘴巴大 X 嘴唇薄

　　Google 這家公司，最初只是一門研究所課堂作業的產物。吸引了貝佐斯與天使投資人拉姆・施里蘭等人的注目。但在外界眼中，這間公司雖然創新，卻像一匹隨時可能摔下懸崖的野馬，最讓人擔憂的，是它缺乏穩健的經營能力。

　　就在這樣搖搖欲墜的節骨眼上，艾瑞克・施密特被請來救場。他曾參與 Java 的開發，也擔任過 Novell 執行長，技術與管理雙修，是極少數能在科技與企業經營間游刃有餘的專業領導者。

　　不過，面對 Google 的邀請，他起初相當遲疑。經過一番權衡，親自與創辦人拉里與謝爾蓋會談後，才決定接下執行長一職。他的審慎，與創辦人天馬行空的風格，原本看似衝突，卻在 Google 的發展過程中形成微妙的互補，也成為這間公司穩健成長的關鍵力量。

　　不過，施密特的管理風格並非毫無爭議。他曾與蘋果達成私下協議，禁止彼此挖角對方工程師，意圖鞏固人才壟斷、削弱微軟，是遭人詬病的「業界潛規則」。他也曾公開表示「沒做虧心事，就不需要擔心個資外洩」，此番言論在隱私權備受重視的今天，可謂失言。

　　2013 年，他更罕見地造訪北韓，與當局討論網路發展計畫。這些舉動，看在外界眼裡或許難以理解，但對施密特而言，凡是能為組織創造價值的舉措，就不能單以道德或政治正確與否一刀切定義。他不問風向，只問目標是否有效，這種冷靜中帶著膽識的風格，正是他與 Google 得以彼此成就的關鍵。

20 嘴巴大小與耳朵大小

耳朵的大小常被解讀為一個人吸收知識和綜合判斷能力的象徵，也反映他們做決策時的態度；而嘴巴的大小則更多表現出一個人的氣度與胸襟。耳朵大的，通常願意廣泛聽取不同意見，在團隊會議中耐心吸收各方觀點，將資訊拼湊成完整的決策藍圖；耳朵小的人則較少依賴外界聲音，更多靠自己預先定下的方向行事，將他人的意見當作「輔助參考」或「備用資源」。嘴巴大的代表他們胸懷寬廣，敢說敢做，開口時能拉近人際距離，營造和諧氣氛；嘴巴小則較為內斂謹慎，說話簡潔，習慣先思考再發言。這兩者組合影響他們在團隊中的角色和表現，無論是在緊張的會議中，還是在輕鬆的團隊聚會裡，這四類人都在不同場合發揮關鍵角色，讓整個團隊更有活力、更有效率。

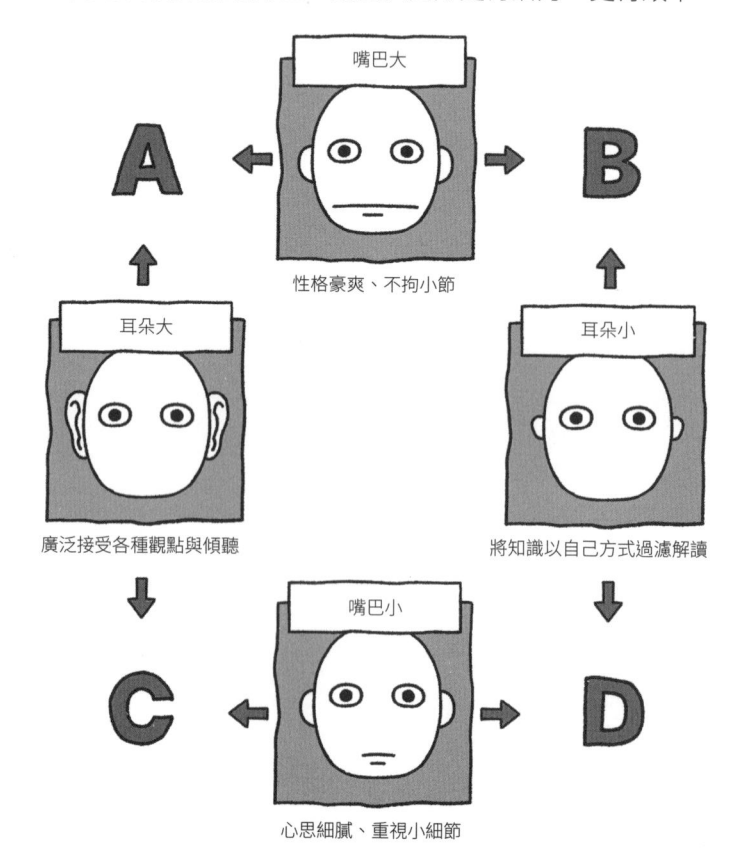

嘴巴大
A ← → B
性格豪爽、不拘小節

耳朵大
廣泛接受各種觀點與傾聽

耳朵小
將知識以自己方式過濾解讀

嘴巴小
C ← → D
心思細膩、重視小細節

A. 嘴巴大耳朵大：大氣開明的領導者

　　這類人性格寬厚又願意傾聽，不管誰發言，他都不會馬上否定，而是默默把各方意見聽進心裡、消化整理後再做決定。即使最後結果不如預期，也能豪爽一笑「沒事，下次再來！」從不把錯推給別人，反而會主動思考怎麼改進。他相信團體的整體利益大於個人立場，決策時總以「對整個局勢最好」為原則，而不是取悅少數支持者。只是，這樣的高格局有時會讓他在權力鬥爭中處於劣勢，容易被人視為軟弱可欺。他在會議中總是耐心聽取意見，做決定時氣度從容。只是，一旦失誤，往往成為茶水間裡議論的焦點。

B. 嘴巴大耳朵小：有話直說的行動派

　　這類人有自己的主見與判斷方式，一旦下定決心，幾乎不會輕易改變。別人的話他聽得進去，但心中早已做出決定。不過就算做錯了，他也不會鑽牛角尖，而是爽快認錯、重新出發，不會因為失敗就自暴自棄。他堅信，選擇的路由自己負責，成敗無人可替代。也因為這樣的堅持，讓他常常能從逆境翻身，但若需要和他共事、一起討論決策，可能會覺得他反應和決定都太急促，還來不及交換意見就已經被定案了。他就是那種開會時邊聽邊點頭，最後卻直接推自己版本；或是同事才剛提案，他已經起身說：「我先試試看這個做法」的直球派。

C. 嘴巴小耳朵大：慢熱型的穩健行動派

這類人不會輕易開口承諾什麼，也不會一頭熱地參與任何新計畫。但一旦決定要做，就會投入十足的心力、努力把事情做到最好。他們習慣反覆思考、廣泛蒐集意見，確定所有風險都能掌握後才會出手。他們不常高聲表達看法，卻往往在關鍵時刻做出最穩健的決定。若說缺點，就是相較於其他人，他們較少主動挑起新任務或推動創新。你會在會議結束後，他常會悄悄問主管「剛才的案子我可以慢慢試做嗎？」或是在眾人喧囂時默默記錄，幾天後遞交讓人驚喜的成果。

＊堅持到讓人不好意思吐槽的等級。

D. 嘴巴與耳朵都小：只相信被驗證過的保守派守門人

這類人最在乎規則與流程，對變動心存戒心，常以強硬語氣指出其中風險。對他們而言，「照規矩來」不是退縮，而是一種對品質與一致性的堅守；因此成為團隊維持傳統與品質的最後防線。雖然行事保守、不愛冒險，但若需有人守住底線、掌控細節，他們是不二人選。他就是那種會在會議上指出「你這方法去年試過沒成功」，也是那種被問到哪裡有好吃滷肉飯時，會立刻推薦「我家巷口那家開五十年、只賣一樣東西」的人。

巴拉克・歐巴馬（美國第 44 任總統）
Barack Obama, 1961-

用幽默化解外界批評的領導者

氣度非凡善於傾聽
嘴巴大 X 耳朵大

　　歐巴馬就任總統之初，美國正面臨嚴峻挑戰。金融危機引發的經濟衰退使國家陷入嚴重經濟衰退，連續不斷的軍事行動使國防壓力劇增，預算分配面臨挑戰；經濟與國防雙重困境，令美國外交政策面臨嚴重考驗。《紐約時報》稱其為「美國歷史上持續作戰時間最長的總統」，此評價凸顯其任期內外交及軍事的艱鉅局勢。

　　關於歐巴馬領導風格及施政成效的著述眾多，普遍認為其人格魅力與高效團隊是成功關鍵。歐巴馬在會議中習慣傾聽，避免過度強勢表達；其演講語言簡潔明瞭，常以幽默緩和嚴肅氣氛，增進溝通效果。

　　於擊斃賓拉登的行動中，歐巴馬謙讓指揮官首席座位，親自坐於一旁靜默觀察，該照片被《時代雜誌》評為「史上最具影響力的照片」之一。

　　2012 年連任期間，面對出身謠言攻擊，歐巴馬選擇以幽默化解，召開記者會播放動畫電影《獅子王》中辛巴誕生片段，巧妙化解質疑，彰顯其機智與從容，展現領袖魅力。

21 耳朵大小與高度

在面相學中,耳朵的大小與高度往往代表兩種極端特質。比如說,所謂「大耳朵」,指的是肉眼一看就非常明顯的大耳型,但實際上這樣的特徵極為罕見,因此在觀察時需要有所斟酌。至於耳朵的高度,像是耳朵高於眉毛的「高耳朵」雖被視為特徵明顯,但實際上,生活中你很難見到這樣的耳型,多數人仍屬於中等偏低的位置。想要更準確地看面相,最好多觀察身邊不同的人,比如搭捷運、看電視劇時多觀察各種臉型,也能默默累積出你自己的一把尺。

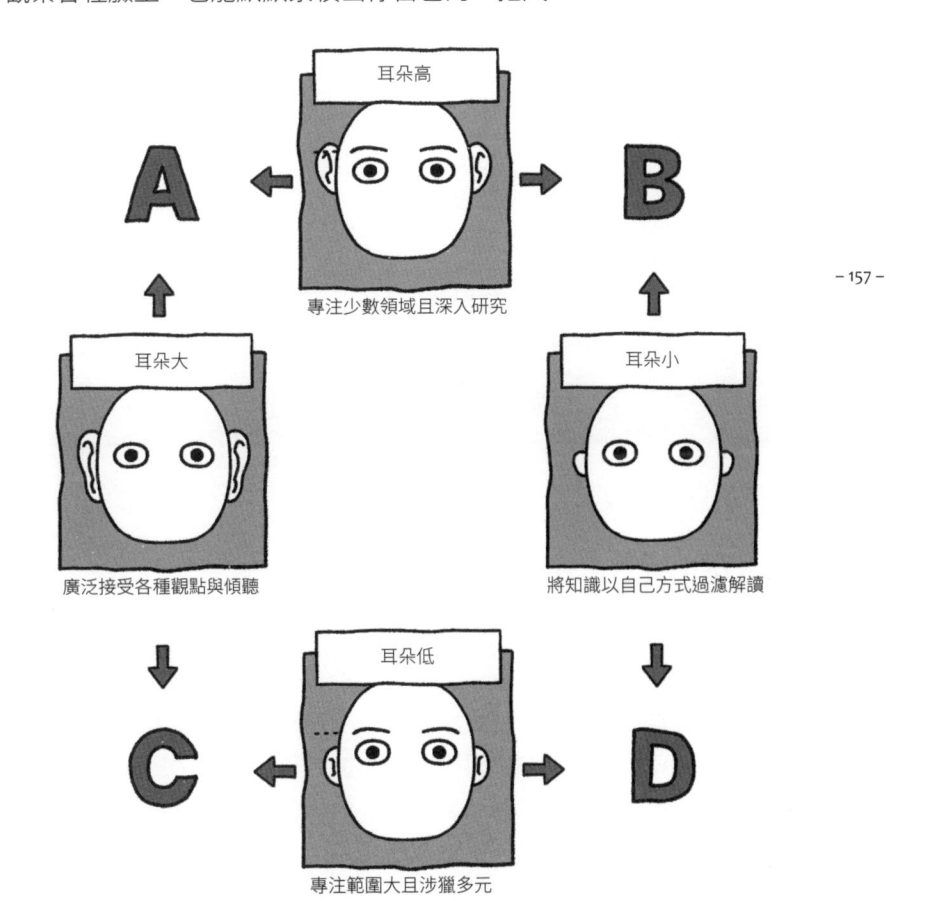

耳朵高
A ← → B
專注少數領域且深入研究

耳朵大
廣泛接受各種觀點與傾聽

耳朵小
將知識以自己方式過濾解讀

耳朵低
C ← → D
專注範圍大且涉獵多元

A. 耳朵大且高：全神貫注型的學術狂人

這類人學習勤奮且專注，往往在學術領域能取得重大成就。但他們通常只專注於自己投入的那個領域，其他方面則較為笨拙，包含日常生活與家庭事務。你可能會看到他們因為研究太過投入而忘記吃飯，甚至錯過婚禮，但正是這種埋頭苦幹，讓他們能完成諾貝爾獎或菲爾茲獎級別的偉大成就。想像辦公室裡的他，桌上堆滿論文和資料，午餐盒常常冷掉，卻依然心無旁騖地解決問題。這種人他雖然話少，但在團隊焦頭爛額時，總能默默解出那道所有人卡關的題，彷彿從混亂中找到出口的人。

＊連簡單的點餐機都不會使用。

B. 耳朵小且高：堅持己見的深度思考者

這類人會將知識內化成自己的理解，專注投入在自己認為重要的事物上。他們適合做發明家、政治家或社會運動者，能帶來創新與改革。但如果走偏，可能會變成獨裁者。他對別人的話通常左耳進右耳出，就算聽見，也只是拿來驗證自己早就想好的結論。這樣的人在公司會議中，別人提出不同看法時，他眉頭微皺但不輕易動搖，冷靜分析後直接表達自己的方案。他雖然不輕易妥協，但正是這份堅持，讓他在社會變革或創新時成為不可或缺的推手。

＊「突然冷場」是韓文網路用語，原文是「氣氛突然變尷尬」的縮寫。

C. 耳朵大且低：學識淵博又懂生活的理想派

　　這類人學習能力強，能快速吸收新知，但也非常懂得分清楚工作與生活的界線。即使投入專研，也不會輕易犧牲生活品質，像是不會常常忘了吃飯或熬夜。他們很適合成為學者，或在其他領域擁有豐富且多元的知識，頭腦清晰靈活。想像一下，在團隊會議中，他們既能提出深思熟慮的見解，也懂得適時讓步，讓人既佩服又覺得有點難以捉摸。這種人是職場上能長期穩定發展的中堅力量。

D. 耳朵小且低：不起眼卻不容輕視的實踐者

他們也許不是最亮眼的那一個，但就是那種穩穩安排每一個任務、最後讓專案完美結束的人。他們沒有特別的偏執或理論傾向，反而能靈活適應各種工作場域，擅長把抽象知識轉化為實際應用，像是在工程、設計、數據分析這類需要實作與調整的領域特別出色。他們就是那種看起來普通、甚至有點低調的同事，但卻能默默扛起整個團隊的進度，總是在大家熬夜趕專案時，早就安安穩穩把報告寫完、簡報印好，第二天還帶早餐來的那種人。

尼古拉・特斯拉（電力推動者）
Nikola Tesla, 1856–1943

打破神秘主義形象的
天才科學家

博學多聞但缺乏商業頭腦
耳朵大且低

　　特斯拉的耳朵在相學上頗為複雜。看似大且高聳，卻微微傾斜貼近頭部，使其整體大小與形狀難以明確判斷。如同其耳形般撲朔迷離的，還有特斯拉這位神秘人物的多重面貌。

　　他擁有過人的智慧與口才，外貌也頗為出眾；不僅精通多國語言，更兼具深厚的文學素養。其卓越的時尚品味與優雅的社交禮儀，使他成為當時社交圈中的風雲人物。然而，與此形成鮮明對比的是，他一生未曾結婚或談過戀愛，且個人親密友人並不多。有人認為，他的終身摯友是科學，社交活動多半是為了拓展學術人脈。

　　特斯拉的發明極為豐富，世人更多將他視為科學家而非單純的發明家。他為現代電力文明奠定了基礎，涵蓋交流電、特斯拉線圈、無線電基礎理論、螢光燈、無線遙控船、電子顯微鏡、轉速計、水力發電及雷達理論等多個領域。此外，他還有許多因商業價值有限而被忽略的發明。

　　特斯拉以其各種奇特實驗聞名，甚至曾在物理學領域對抗愛因斯坦，提出嶄新理論。正因為這些非凡且有時離經叛道的行徑，也使得他的形象在世人心中既神秘又獨特，成為了科學界的傳奇人物。

22 耳朵大小與額頭高度

　　額頭是個很有趣的部位，剪個頭髮、髮際線一變，就會讓額頭看起來更高；有些人年輕時額頭偏低，到了中年卻自然拉高，整體輪廓顯得更開闊。更特別的是，這些外在改變，往往也伴隨著性格的轉化。面相學裡，額頭象徵格局與思考範圍，耳朵則代表資訊的接收與判斷方式。這在職場前輩身上尤其明顯，例如：年輕時耳朵顯眼、額頭常被瀏海遮住，什麼都想試；等到年紀漸長，髮線後退、額頭露出，說話也越來越簡潔、判斷更聚焦。這正是從「耳大額低」的衝鋒期，逐漸走向「耳小額高」的老練期。從敢衝敢闖到懂得取捨，面相的變化，其實也默默訴說著我們做決策的方式正在轉變。

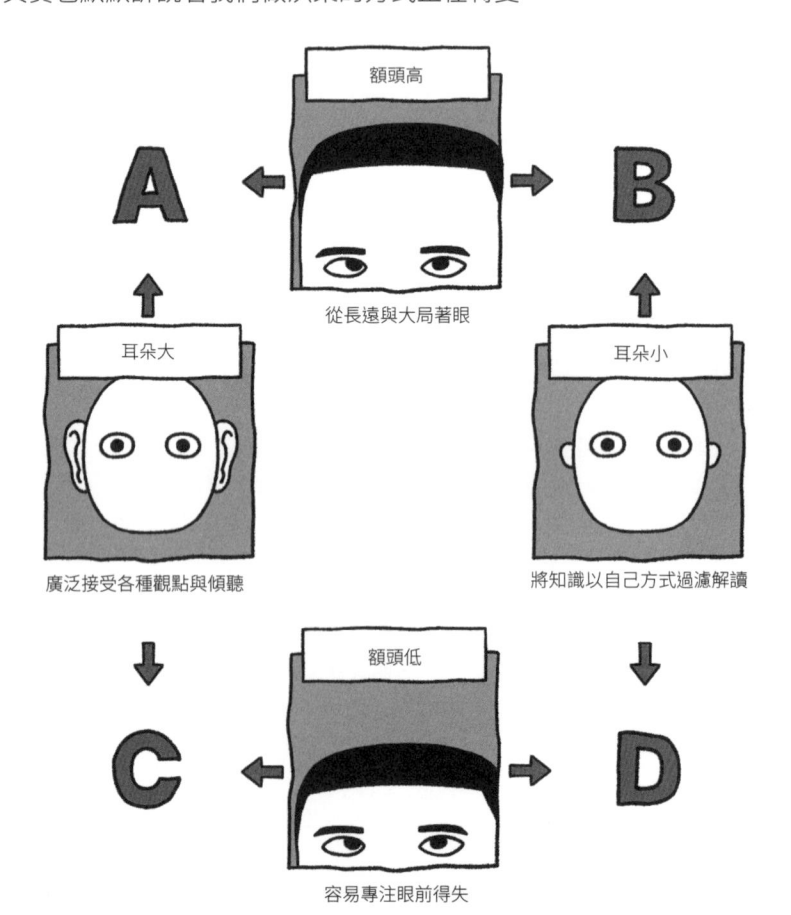

額頭高

A ← → B

從長遠與大局著眼

耳朵大　　　　　　　　**耳朵小**

廣泛接受各種觀點與傾聽　　將知識以自己方式過濾解讀

額頭低

C ← → D

容易專注眼前得失

A. 耳朵大額頭高：人氣十足的親切派推手

　　這類人往往一看就讓人覺得「這人很好相處」，無論在哪個領域都能交到朋友、做出成績。他們既有豐富的知識，也擅長挖掘潛力點子，並巧妙推廣，讓好機會被正確看見。不論是公益還是創業，他們總能拉到資源，讓事情順利推展。你會看到他在聚會中邊寒暄邊聽每個人講話，不疾不徐地說出一句總結，讓整桌人都點頭稱是。他們不會搶鋒頭，卻總是在重要時刻站得住腳、撐得起場子。

B. 耳朵小額頭高：聰明伶俐的創意領導者

　　這類人腦筋靈活、觀察入微，是那種靠點子和眼光走在趨勢最前線的人。他們善於從全局思考，用自己的方式建立一套判斷標準，並且很知道「該跟誰合作、什麼時候該抽身」。比起團隊共識，他們更注重效率與成果，只要發現合作不合適，會果斷調整策略。這讓他們常被形容為「現實」、「有距離感」，但這份堅持也讓他們在風險管理上游刃有餘，能把事情往最有利的方向推進。他就是那種當大家還在討論怎麼執行時，他早就把關鍵人拉進群組、預約好時間，默默掌握主導權。

C. 耳朵大額頭低：技術派的低調高手

　　這類人他們往往深耕技術，低調穩健地推動專案進展，卻不太擅長拓展人脈，常常默默努力卻沒被看見。他們偏好實作與技術應用，像是工程、機械、IT 開發等領域的中堅角色，具備把理論轉化為成果的實力，也懂得如何帶領專案一步步完成。不喜歡鋪張闊論，更專注穩紮穩打，是那種「有狀況時才知道他多重要」的存在。不過，也因為社交圈小、過於專注本業，若遇到合作對象不夠信任，很容易在金錢或利益分配上吃虧。他就是那種在會議中靜靜聽，待時機成熟，總能一語點醒眾人的人。

＊劉備三顧茅廬後，開啟了諸葛丞相「加班 30 年，不得休息」的傳奇人生。

D. 耳朵小額頭低：孤傲堅持的匠人

這類人有一套自己摸索出的知識系統，思路獨特、技術紮實，但不喜歡交際，身邊只有少數幾個信得過的人。他們堅持自我風格，不隨波逐流，更注重作品的細節和品質。更像是默默鑽研的工藝匠人，對細節要求嚴格，堅持用自己的節奏完成每一個作品。你很少會在公開場合看到他們高談闊論，但只要有人懂得欣賞他們的專業，就會知道這份技藝的珍貴。他就是那種在工作室裡一邊責怪徒弟「這邊角沒磨平」一邊親自動手修正的人，他們或許不愛開會、不愛簡報，但總能獨立完成令人驚豔設計的技術怪才。

羅伯特・歐本海默（原子彈之父）
Robert Oppenheimer, 1904–1967

多才多藝的
風雲人物

能力卓越且善於社交
耳朵大 X 額頭高

　　羅伯特・奧本海默是一位多才多藝的風雲人物，涉獵領域廣泛，無論置身何處，總能吸引眾人目光。他擁有卓越的語言天賦，甚至能在僅學習荷蘭文一週後，便以荷蘭語授課；亦能原文閱讀希臘古典著作，並曾翻譯梵文經典。他涉足心理分析，亦創作具水準的散文與詩作。身邊人曾感嘆：若他專注於物理學，或許成就就將更加非凡。

　　然而，奧本海默真正傑出的，不在於個人成果，而是激發他人潛能的非凡能力。1969 年諾貝爾物理獎得主默里・蓋爾曼曾讚譽他「帶領眾人洞悉真理的才華」；許多科學家在他啟發下持續探索，研究遇瓶頸時，亦往往得其引領而開創新局，其中更有數人獲得諾貝爾獎殊榮。

　　任教於加州大學柏克萊分校期間，奧本海默是校園中的超人氣人物。學生們爭相重複修習他的課程，有人甚至連續選修數次。他的穿著、談吐，甚至所抽香煙，皆成模仿對象。無論學術或生活層面，他都是學生們信賴的良師益友。

23 耳朵高度與眉毛高度

人是群體性的動物,既要與他人互動,也要在過程中學習與成長。面相學中認為,耳朵與眉毛的位置對照,能看出一個人如何處理「知識」與「群體」的關係。耳朵的位置象徵我們在接受訊息時,是偏好先聽外界聲音,還是直接表達個人反應,而眉毛則代表在群體中的「主張」與「立場」。耳朵高過眉毛的人,做決策前傾向先聽別人怎麼說,重視規則與團體氣氛;耳朵低於眉毛的人則習慣從自身想法出發,再視情況調整,風格更鮮明、立場也更堅定。你會發現,開會時耳朵高的人多半沉默觀察,等大家說完再發表意見;而耳朵低的人往往一開場就提出想法,是團隊裡最先帶出方向的那個人。從耳與眉的高低對照,也能看出一個人在人群中,是習慣觀風轉舵的協調者,還是立場鮮明的領導者。

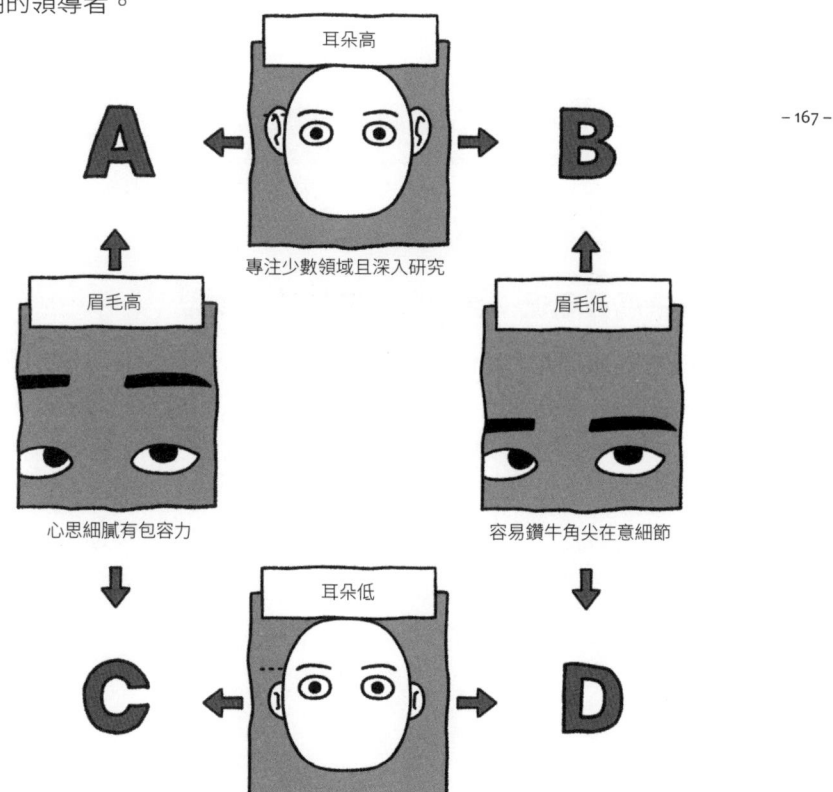

耳朵高
A ← → B
專注少數領域且深入研究

眉毛高
心思細膩有包容力

眉毛低
容易鑽牛角尖在意細節

耳朵低
C ← → D
專注範圍大且涉獵多元

A. 耳朵高眉毛高：不知疲倦的理性探索者

這類人對知識有強烈的渴望，任何領域都能引起他們的好奇心。他們在團體中不屬任何派系，重視的是「知識本身」而非誰說的話比較有分量。開會時，他們總是能跨部門、跨立場地傾聽不同觀點，並從中歸納出真正有用的資訊，常常是整場討論到最後，才慢條斯理一句話，讓整組人都點頭說「欸，這才是重點啦！」

＊他們最怕沒人問問題，只好自己當反派開砲。

B. 耳朵高眉毛低：自信強烈的知識領袖型

這類人知識廣、理解力強，但對自己的見解非常有自信，甚至帶點自豪感。他們在會議中經常主導話題，對於支持自己想法的人特別欣賞，反之，對於持反對意見的人則容易產生排斥與對立。他們善於經營同溫層、建立自己的人脈圈，有時會不自覺將「不是支持我」視為「就是反對我」，形成高度集中但也封閉的決策圈。你會看到他在部門簡報時總是坐在最前排、提問犀利，對於別人的觀點也許一句不吭，但一講到自己熟悉的領域，就立刻眉飛色舞、語氣堅定，讓整場風向瞬間轉向。

C. 耳朵低眉毛高：憑誠懇贏得尊敬的踏實派

這類人對學習不靠天份，全靠一步一腳印。他們不愛搞小圈圈，對誰都平等相待，是那種默默耕耘、為人正直的好人代表。雖然個性溫厚、不爭鋒頭，但也因此在人際網絡中不太容易出現強而有力的「自己人」，在升遷與爭取資源時可能會走得比較慢。但一旦熬出頭，往往就是連敵營都會尊敬的存在。像是每次開完會後沒人整理會議紀錄時，他早就整理好重點貼在群組裡，讓大家一看就懂怎麼執行。儘管沒有什麼關注度，但當主管真正需要可靠人選時，第一個想到的就是他。

D. 耳朵與眉毛都低：努力聚攏人脈的平凡派

這類人學習需要花較多時間，也不太擅長單打獨鬥，往往會先從經營關係網開始，確保自己在團體中有基本的支持度。說他愛分邊站也好、習慣拉自己人也罷，總之，他很懂得靠熟人互挺的方式累積資源與地位。這樣的作法在旁人眼裡可能顯得不夠理性，但在他們看來，這才是最保險、最有效率的做法。在現實裡，這類人反而是最多數、最貼近「一般人」狀態的類型。只是如果眉毛特別低，又缺乏反思，就容易變成凡事只信自己、不聽勸的獨斷者。他就是那種在部門裡總有三五好友支持，習慣揪團做事的人，偶爾還會在茶水間低聲說「這案子我先找誰一起喬一下，比較好談」。

史蒂夫・賈伯斯（Apple 創辦人）
Steve Jobs, 1955–2011

以偏執領導時代革新的創造者

高度專注卻狹隘剛愎
耳朵高 X 眉毛低

　　史蒂夫・賈伯斯是否是一位好老闆？許多曾與他共事的人，可能會遲疑一下。對團隊來說，他是一位要求極高、喜怒無常的主管，說話不一定清楚明確，卻對結果有強烈期望；若成果不符預期，他會毫不掩飾地發火。有時為了刺激表現，他甚至會讓團隊之間彼此競爭。公司內還出現了「被賈伯斯了（besteved）」的戲稱，用來形容那些突然遭到開除的員工。

　　他對某些人的意見很樂於傾聽，對不認同的人則乾脆不予理會。這樣的偏執雖令人卻步，卻難掩他在選才與趨勢判斷上的準確與獨到。

　　在產品設計上，他始終堅守「簡單、便利、優雅」的核心哲學，從不輕易妥協。這樣的堅持也體現在他一貫的穿著風格上－黑色高領毛衣、牛仔褲與灰色球鞋，幾乎成了他的個人標誌。

　　「求知若渴，虛心若愚」與「別浪費生命去過別人的人生」這兩句話，正是他人生信念的體現。固執也好，激進也罷，賈伯斯以獨特的方式，為世界帶來了無可取代的改變。

24 耳朵高度與額頭高度

　　面相學中，耳朵的高度與額頭的高度，象徵一個人「集中力來源」與「發展方向」的組合。耳朵高的人天生專注力強，往往能在單一領域深入鑽研，達到高成就。不過這類耳型本就罕見，許多成就卓越的人，其實靠的是後天努力而非天賦，所以就算耳朵不高也別氣餒。而額頭的高度則影響你的發展方向，額頭高適合多線任務與跨領域整合；額頭低則擅長鑽研一技之長。當耳朵與額頭搭配一起看，也就能推敲出你是靠直覺衝鋒的型，還是穩穩累積實力的類型，也能推敲出你未來更適合走研究、創作，還是管理協調的路線

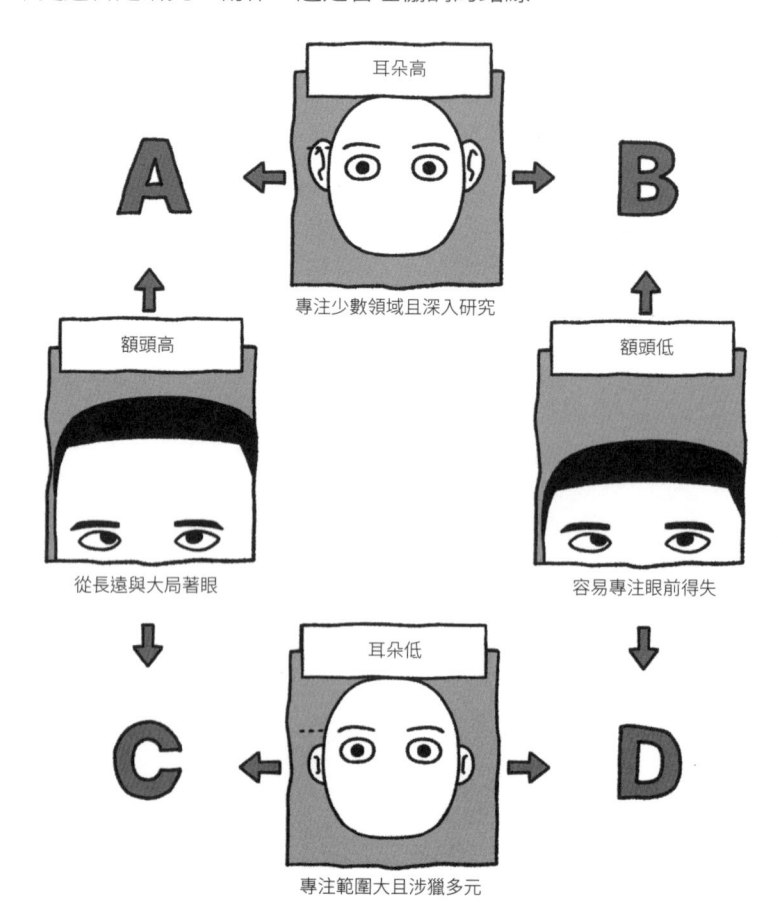

耳朵高
專注少數領域且深入研究

額頭高
從長遠與大局著眼

額頭低
容易專注眼前得失

耳朵低
專注範圍大且涉獵多元

A. 耳朵與額頭都高：天生領袖型的技術大師

這類人專注力強、眼界也廣，常常能在技術或知識領域打下穩固根基，同時具備帶人聚眾的能力。比起單打獨鬥，他們更擅長把一個點子變成一個團隊，甚至進一步形成一個派系。只要他們決定創業，往往就能自帶光環，吸引各路人才主動靠攏。他們適合當科技創業家、跨界整合者，甚至有潛力開創學派、引領一整個潮流。不過若是價值觀偏差，也可能走偏變成操控型的話術高手。他就是那種總有人搶著說「如果是他帶的團，我跟！」的人。

B. 耳朵高額頭低：技術天才型的專精派

這類人他們對技術細節特別執著，常為了修一個 bug 熬夜到天亮，也不輕易交出半成品。他們通常在一個領域內累積極深的專業，不太在意全局營運與對外關係，單打獨鬥時容易侷限在「做好這一塊」的思維裡。他就是那種在實驗室或技術部裡，最認真盯系統錯誤與最先提出改版優化的人，但只要開會一討論到市場或預算，就會望向旁邊的夥伴輕聲說「這你來講比較快」。

C. 耳朵低額頭高：善用資源的整合型推手

　　這類人他們不是技術出身，卻特別擅長發現好點子、挖掘潛力項目，再透過人脈與判斷力讓它發揮最大效益。他們有宏觀思維、協調能力強，善於從不同領域抓出資源，拉攏對的人、安排對的流程，形成穩定且持久的合作關係。最適合搭配那些專精卻不擅對外的人才，共同發揮 1+1 大於 2 的效果。他就是那種不一定親自下場寫程式，但總能在 Demo Day 上吸引投資人目光的人；或是在茶水間邊倒咖啡邊說「我認識一個剛好在做這個題目的人，我牽線給你們聊聊看」。

D. 耳朵與額頭都低：靠努力贏得尊敬的實幹派

　　這類人沒有先天優勢，若想靠知識出頭，就得加倍努力；想靠人脈闖出一片天，也得從零慢慢經營。他們屬於那種什麼都得靠自己一點一滴拚出來的類型，他們沒辦法一舉成名，但卻最懂得「穩穩走、走得久」的節奏。你不太會在公開場合聽到他們高談闊論，也不常見他們被上司大肆稱讚，但只要細看就會發現，他們往往是團隊裡流程最熟、系統最穩、紀錄最完整的那一個。

查理・卓別林（傳奇喜劇大師）
Sir Charlie Chaplin, 1889–1977

從街頭貧童到時代象徵的全才藝人

專注努力且極具社交手腕
耳朵高 X 額頭高

　　查理・卓別林是那種一登場就自帶光芒的人物。出生在倫敦貧民區，父母皆為藝人，儘管家境困苦，他從小便在劇團磨練演技。偏偏長相太端正，當喜劇演員反而吃虧。他只好靠創意取勝，湊出破西裝、大皮鞋、小鬍子，打造出世人皆知的「流浪漢」形象，展開他的銀幕傳奇。

　　不只是演員，他很快踏入導演領域，腦袋靈光得很。他有一套明確的電影公式，就是讓觀眾笑中帶淚，以小人物為主角，挑戰上層權勢，再透過一再重拍和剪接，打磨出細緻動人的節奏。他的作品不僅叫好又叫座，更成為影史經典。

　　鏡頭前後的卓別林同樣精采。他交友廣泛，橫跨科學、政治、藝術界，與愛因斯坦、甘地、邱吉爾、畢卡索皆有交情。情史方面也頗為傳奇─他擁有四段婚姻、十一位子女，而關於他的風流韻事更是時常登上報紙媒體頭條新聞。你可以說他是一位愛熱鬧的浪漫主義者，也可以說，他的人生本身就是一部膾炙人口的電影。

25 眉毛長度與高度

　　眉毛在面相中象徵人際互動的方式。眉毛長的人重視「我們」，認為群體中總能找到彼此互補的空間，即便不是親密好友，也會設法維持良好關係；眉毛短的人則偏好「我」，重視自己的想法與選擇，不太在意維繫廣泛人脈，重視效率多於廣泛維繫。至於眉毛的高度，則反映一個人看待人際關係的距離感，眉毛高的人習慣從全局或長遠角度評估關係，較理性冷靜、不輕易捲入情緒；眉毛低的人則更重視當下情感，容易投入、反應直覺，也較容易捲入親疏與立場之間的糾結。

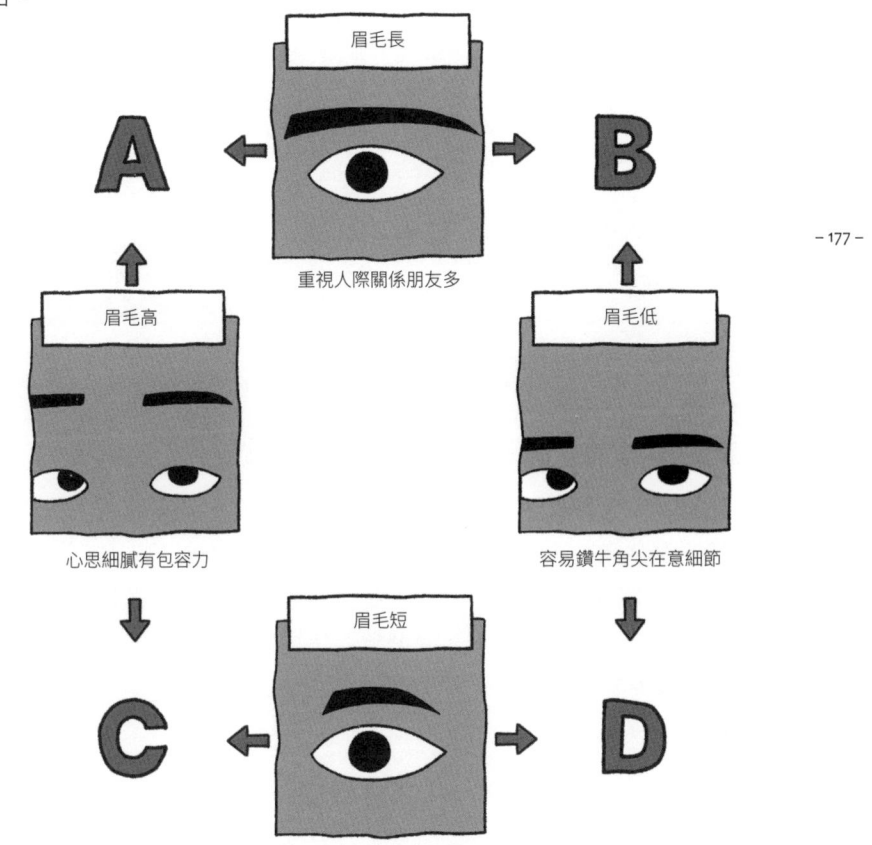

眉毛長
A ← → B
重視人際關係朋友多

眉毛高
心思細膩有包容力

眉毛低
容易鑽牛角尖在意細節

眉毛短
C ← → D
較不在意交友無漠不關心

A. 眉毛長且高：公正無私卻難以親近的清高者

這類人像公平的裁判，待人處事講求公正與原則，不因私利偏袒任何一方。他們認識的人很多，但真正能打開心房的朋友卻不多。人際關係多建立在工作合作或義務感上，是那種即使在聚會中，也保持適度的專業與禮貌，給人沉穩可靠的感覺。在辦公室裡，你會看到他總是中立且冷靜地調解爭執，讓衝突迅速降溫，同事們尊敬他，但通常不會輕易與他談及私事。

＊原來同學是通緝犯。

B. 眉毛長且低：情感掛帥的熱血行動派

這類人熱愛群體生活，重視「我們」的力量，喜歡和志同道合的人一起行動，常在公益、社團或任何志同道合的群體發光發熱。他們有強烈的使命感，經常帶頭籌劃活動，激勵大家一同投入目標，但對於不同意見會堅持自我觀點，有時難以快速達成共識。在日常工作或聚會裡，你常會看到他們主動在團隊討論中主動提出建議，熱情點燃大家的參與感。

C. 眉毛短且高：堅守原則的孤獨正義守護者

這類人不容忍任何不公，像是孤獨的正義使者，經常抱持「艱難的事，非我莫屬」的信念。他們不輕易加入群體，也讓人感覺難以親近。因為過於堅持原則，常因堅持原則而與他人意見不合，甚至引發矛盾和衝突。在辦公室裡，你會在激烈爭論時見到他獨自堅守立場，讓整個會議氣氛瞬間凝重，儘管同事們有時會保持距離，卻無法忽視他的存在和影響力。

D. 眉毛短且低：佔有慾強卻暖心的守護者

　　這類人對外可能表現得冷淡疏離，但對身邊親近的人卻非常細心體貼。他們常默默在背後幫助身邊的人，範圍卻非常有限，通常只照顧「自己人」。在極端情況下，可能會變得非常自我中心，甚至有時行為與內心不同，讓人難以完全捉摸。你在日常工作或生活中，可能會發現他有時因為敏感，對同事表現出謹慎甚至保護性的態度，但私下卻是那個會偷偷準備午餐、照顧生病朋友的人。這種矛盾的暖心守護，讓他在人群中既讓人暖心又帶點距離感。

D 型溫和版

我是冷酷的都會男子，

不過對我的女友，當然是暖暖的啦

D 型辣味版

把金牙都拔掉，通通啃爛給你看！

??????

＊看似冰山，但情到深處其實超火辣！

伍德羅・威爾遜（美國第 28 任總統）
Woodrow Wilson, 1856–1924

提倡民族自決的「理想主義者」

朋友很多但難掏心
眉毛長且低

　　伍德羅・威爾遜是個名字說不定你在歷史課本裡聽過，尤其提到「民族自決主義」這件事。身為普林斯頓大學（Princeton University）校長，他曾頒發博士學位給日後成為韓國總統的李承晚。

　　威爾遜的成就不少，像是推動女性參政、規範勞工工時、限制壟斷企業，甚至是國際聯盟的發起者，他談論著公平，但這公平並不普世；他一邊主張進步理念，一邊卻公開為奴隸制度辯護，也在體制中阻擋非裔晉升。一方面他號稱是進步主義者，一方面卻公開寫書支持奴隸制度，也在政府體系中排除非裔美國人晉升的可能。這樣的矛盾，讓後人對他評價分歧。

　　威爾遜性格頗有距離感，雖然身邊有不少朋友，但能真正說上心裡話的人不多。後來他在一次巡迴演說中中風，身體狀況大不如前。他的太太伊迪絲決定幫他「代班」，於是美國歷史上第一次出現了「第一夫人代行總統職務」的神祕時期。雖然沒掛名，重大決策幾乎都由她出手，堪稱白宮最神祕的「影子總統」。

　　總結來說，威爾遜是個擁有崇高理想、也滿腹矛盾的總統。他把世界想得很理想，卻無法對自己的偏見做出調整。你可以說他是時代的推手，也可以說，他就是那種很難歸類的歷史人物。

26 眉毛高度與額頭高度

　　這兩個部位的搭配,能看出一個人在人際上的「交友範圍」與「對待方式」。額頭高,象徵社交範圍廣、能與各種人打交道;額頭低,則更傾向深交幾個重要對象,不輕易攀談。眉毛高的人重視公平原則與界線感,對人態度一致,常是那種在群組裡發言不多,但每句都說到點上的類型;眉毛低的人則較看重情感牽絆,習慣分親疏、照顧熟人,是那種會記得同事喜好、也會主動揪人聚餐的角色。這兩個部位搭配一起看,就能推敲出一個人在人際中的操作風格,是那種無論尾牙或部門茶會總能被人點名打招呼的公關型;還是那種外冷內熱、只有熟人才知道他多細心,熟了才會說「他其實很好聊」的慢熱型。

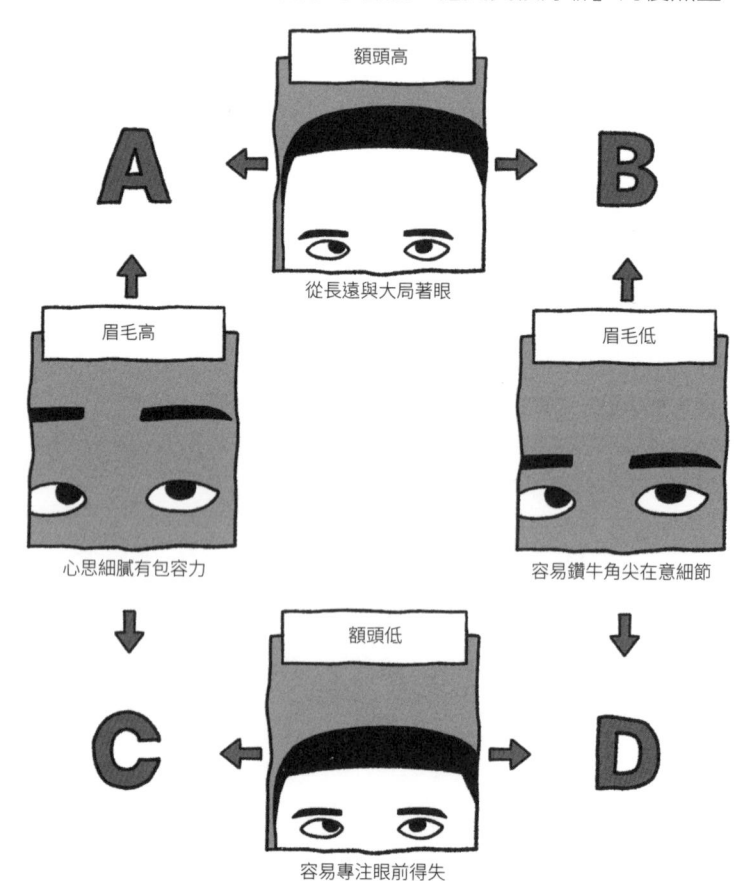

額頭高
A　　　　　B
從長遠與大局著眼

眉毛高　　　　　眉毛低
心思細膩有包容力　　容易鑽牛角尖在意細節

額頭低
C　　　　　D
容易專注眼前得失

A. 眉毛與額頭都高：腦袋靈活卻讓人難以親近

這類人的額頭與眉毛位置都偏高，從外型上就透露出開放而冷靜的氣質。他們腦筋靈活、不拘形式，常能跳脫框架提出嶄新觀點；同時在人際互動上也相當理性，即便開會面對老朋友，也從不為人情讓步，他們對討論內容斤斤計較，不論發言者是誰，只在乎邏輯是否站得住腳。這樣的特質讓他們在團體中看起來像模範生，卻也因為太過理性與公正，反而難以真正與人建立深層情誼。他就是那種你在會議上佩服他的見解、在簡報後想去聊天卻又不知該從何開口的人。

B. 眉毛低額頭高：感情優先的有原則派

這類人額頭寬，表示社交廣、想法開放，處事彈性高；而眉毛位置偏低，則讓他們在與人互動時更重視情感與熟悉感。雖然表面看起來和 A 型一樣理性、講邏輯，但他們在開會或合作時，會更容易接受熟人提出的建議，甚至在討論時不自覺偏向「自己人」的觀點。他們心裡清楚道理怎麼走，但最後拍板，還是看人情分數高不高。他就是那種會說「我覺得你講得也有道理啦，不過我比較相信他那一套」的人。

※以感情優先的B型人

C. 眉毛高額頭低：目標導向的冷靜執行者

　　這類人思路清楚、判斷理性，雖然人脈不廣，也不熱衷經營關係，但卻能把心力集中在既定目標上。他們在會議中習慣先釐清重點、設好框架，若話題偏離主軸，常會直接打斷、拉回正題。表面雖然冷硬，但只要對方論點清楚合邏輯，他們也會乾脆點頭認同。他就是那種在專案會議中一邊畫流程圖一邊說「先釐清核心目標，其他我們之後再談」，讓大家在緊湊節奏中迅速聚焦的人。

D. 眉毛與額頭都低：只信自己的嚴謹完美派

這類人做事謹慎、講究邏輯，面對每個細節總要反覆確認，深怕自己的判斷有一絲疏漏。人際互動上，他們不算孤僻，但同事揪他吃飯，他總是笑著婉拒「我中午還有點資料要看」，既不冷淡也不親近，只有真正親近的人才知道他們的溫暖與體貼。這類人就像那種會在大家提案熱烈時靜靜觀察，過兩天才傳來一封細節完整、風險評估清楚的長信，讓團隊一邊佩服一邊嘆氣「早一點講就好了啊」。

＊精準評估贏得人心。

約翰・甘迺迪（美國第 35 任總統）
John F. Kennedy, 1917–1963

以實際行動貫徹美國價值的
傳奇總統

立場鮮明卻能廣受尊敬
眉毛低 X 額頭低

　　甘迺迪是那種一開口就像在演演說的人物。他是民主黨超級代表，從不隱藏政治立場。挺勞工、推平權、限制財團壟斷，每一項他都做得有模有樣。但奇妙的是，即便他立場明確，連對手也很難不佩服他。

　　他執政的年代，正逢冷戰最緊繃的時期。柏林危機、古巴飛彈危機、太空競賽……你能想像的緊張時刻他全都遇上了。但他不只是硬碰硬，他的演講、他的穩住局勢能力，讓全世界看到什麼叫「美國式的強硬又理性」。

　　甘迺迪的個人背景也不平凡。他是美國第一位天主教總統，來自愛爾蘭裔移民家庭，身體不是很好，卻在二戰時英勇立功。選戰時跟強敵林登・詹森鬥得精彩，當上總統後，還拉他當副手，一起拼政績。

　　不過，最讓人津津樂道的，還是他的氣場—帥、會講話、有氣魄，老婆是時尚偶像、家庭形象滿分，而那場震驚全球的槍響，讓他永遠定格在『黃金年代』的畫面中。也成了無數美國人心中最浪漫的「如果當初」！

27 下巴形狀與額頭高度

在面相中，下巴代表執行力與個性硬度，額頭則象徵視野與人際幅度。這兩個部位的搭配，能看出一個人如何結交資源、轉化人脈，進而影響他在職場上的發展模式。額頭高代表眼界開、人脈廣，若搭配方正下巴，做事果斷衝勁足，是那種習慣提早行動、帶頭開第一槍的人；搭配圓潤下巴則更懂妥協與協調，偏好先觀察局勢、再慢慢拉攏關係，透過溝通與長期互動累積成果。兩者雖有人脈優勢，但一個像突破型領導者，一個則是穩健型整合者。你會在會議中發現，方正下巴的人直言「照我版本執行」，圓潤下巴的人則說「聽聽別部門意見，再微調也可以」。從這些細節，就能看出他們處理人脈與合作的風格，即便條件相似，策略卻完全不同。

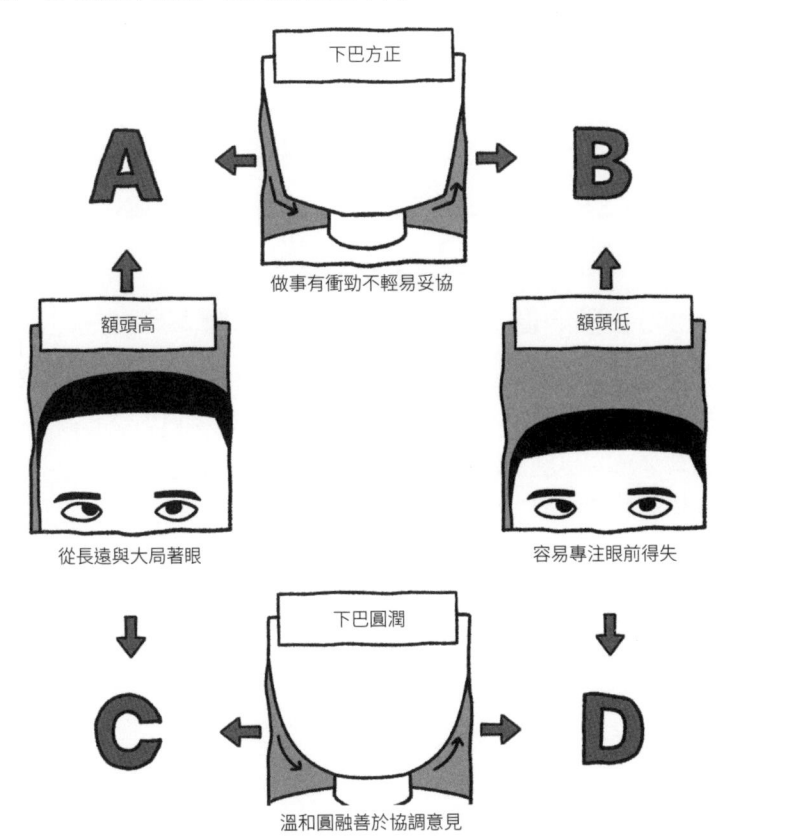

下巴方正
做事有衝勁不輕易妥協

A 額頭高
從長遠與大局著眼

B 額頭低
容易專注眼前得失

下巴圓潤
溫和圓融善於協調意見

A. 下巴方正額頭高：固執卻消息靈通的獨行者

這類人個性強硬，講求原則、是非分明，說話直率、邏輯嚴謹，對細節特別敏感。雖然在互動上不太圓融，卻有廣泛的人脈與資訊來源，因為他們眼界開闊、擅於蒐集各種真實資料，對整體情勢有清楚掌握。他就是那種會在會議上條列出各方立場、直接說出誰該負責什麼的人，雖然不討喜，但總能掌握比任何人都多的第一手訊息，甚至讓你在茶水間低聲說「那個誰怎麼知道這麼多啊？」。

B. 下巴方正額頭低：專注不分心的老派職人

這類人做事極度執著，一旦選定方向，幾乎不會分心旁顧。他們個性固執、思維緊密，對新事物總是抱持懷疑，需要經過長時間觀察與驗證，才願意接納。他們像是堅守傳統技藝的工匠，不追求花俏，卻能做出經得起時間考驗的好作品。你會在他們的辦公桌上看到一堆手寫筆記與舊資料夾，即使別人早已轉用自動化工具，他還是堅持手動調整每個細節，邊修邊說「這種東西不能快，要慢慢來才準」。

C. 下巴圓潤額頭高：靈活應變的天生創業家

這類人個性圓融、格局開闊，不僅擅長與人打交道，還懂得放大看事情，不被雞毛蒜皮的小事絆住。他們直覺敏銳、想法新穎，總能從市場空隙中挖出驚喜點子，創造出讓人眼睛一亮的商品或企劃。更難得的是，他會靈活運用人脈，懂得組織團隊、找資源、抓時機。從構想到落地，他能一步步把創意轉成實際成果。他們是那種在新創簡報上滔滔不絕，五分鐘內讓投資人連連點頭；又或者在聚餐中談笑間順手拉起幾個老同事說「下週我要拉一個案子，你們來不來玩一把？」的人。

D. 下巴圓潤額頭低：穩紮穩打的技術職人型

這類人個性溫和、處事圓融，但眼界不算寬，對於跨領域的涉獵較少，反而更專注於自己熟悉的技術領域。他們不擅長經營廣泛人脈，也不太熱衷社交，但靠著穩定可靠的性格，身邊總有幾位信任的老搭檔。當他們帶領一個小團隊進行技術研發時，會將重點放在細節品質與專業深化上，只要碰到懂得發揮其長處的夥伴，便能穩穩打造出極具競爭力的成果。他就是那種不多話，卻在會議尾聲安靜提出一句「我上週已經測過幾種參數，有一個版本可以直接拿來試試看」的實力派類型。

安昌浩（韓國獨立運動家）
1878–1938

性格頑固但眼光遠大的
理想主義者

堅持原則卻不失人緣
下巴方正 X 額頭高

　　在臨時政府剛成立的那陣子，李承晚收到了一封電報。內容是這樣的—「你身為國務總理，卻私自掛上『總統』的頭銜，不太妥當吧？」寫這封電報的人，就是安昌浩。

　　這個人一輩子跟人吵架的場面不少，和李承晚鬧不合、跟金九也常意見相左，連戰爭強硬派、和平派，他都能各吵一輪。但有趣的是，他之所以吵，從來不是為了逞口舌之快，而是因為他太在意原則、太執著於「這樣做到底對不對」。不合時宜也罷，他信的是理性和大義，不是站哪個派系。

　　雖然是個原則控，安昌浩身邊卻從來不缺人。他出身貧農家庭，後來才去美國留學，但一下就變成僑界領袖，在舊金山重組了「興士團」，是海外韓人圈的精神象徵。回國之後即使低調隱居，還是有一堆青年主動找上門來學習。

　　他最被歷史記住的一件事，是擔任臨時政府的內務總長時，推出了號稱「秘密政府骨幹」的《聯通制》。它不只是紙上談兵，而是個真正運作的地底行政系統，企圖讓流亡政府不只是象徵，而是能動起來的「實際政權」。這樣的想法，不僅有膽識，還非常前衛。

　　最終來說，安昌浩不是那種容易妥協的人。他心裡有一把尺，寧可得罪人也要守住。他看得遠、講道理、也敢動手。他不討好人心，但能讓人心甘情願地跟他走到底。

國家圖書館出版品預行編目（CIP）資料

看臉時代：七秒解讀你的性格密碼／Team.
StoryG 作；呂宜蓁譯. -- 初版. -- 臺北市：墨刻
出版股份有限公司出版：英屬蓋曼群島商家庭傳
媒股份有限公司城邦分公司發行, 2025.07
　面；　公分
譯自：관상 봐줄까？
ISBN 978-626-398-247-5（平裝）

1.CST: 面相

293.21   114008713

墨刻出版 知識星球 叢書

看臉時代
七秒解讀你的性格密碼
관상 봐줄까？

作　　　者	Team. StoryG
譯　　　者	呂宜蓁
責 任 編 輯	林彥甫
美 術 編 輯	李依靜
行 銷 企 劃	周詩嫻

發 行 人	何飛鵬
事業群總經理	李淑霞
社　　　長	饒素芬
出 版 公 司	墨刻出版股份有限公司
地　　　址	115 台北市南港區昆陽街 16 號 7 樓
電　　　話	886-2-2500-7008
傳　　　真	886-2-2500-7796
E M A I L	service@sportsplanetmag.com
網　　　址	www.sportsplanetmag.com

發　　　行　英屬蓋曼群島商家庭傳媒股份有限公司城邦分公司
　　　　　　地址：115 台北市南港區昆陽街 16 號 5 樓
　　　　　　讀者服務電話：0800-020-299
　　　　　　讀者服務傳真：02-2517-0999
　　　　　　讀者服務信箱：csc@cite.com.tw
　　　　　　城邦讀書花園：www.cite.com.tw

香 港 發 行　城邦（香港）出版集團有限公司
　　　　　　地址：香港灣仔駱克道 193 號東超商業中心 1 樓
　　　　　　地址：香港灣九龍土瓜灣土瓜灣道 86 號順聯工業大廈 6 樓 A 室
　　　　　　電話：852-2508-6231
　　　　　　傳真：852-2578-9337

馬 新 發 行　城邦（馬新）出版集團有限公司
　　　　　　地址：41, Jalan Radin Anum, Bandar Baru Sri Petaling, 57000 Kuala Lumpur, Malaysia
　　　　　　電話：603-90578822
　　　　　　傳真：603-90576622

經 銷 商	聯合發行股份有限公司（電話：886-2-29178022）、金世盟實業股份有限公司
製　　　版	漾格科技股份有限公司
印　　　刷	漾格科技股份有限公司
城 邦 書 號	LSK023

ISBN 978-626-398-247-5（平裝）
EISBN 978-626-398-246-8（EPUB）
定價 NTD380
2025 年 07 月初版

版權所有・翻印必究

관상 봐줄까？
What Your Facial Features Say About You
Copyright © 2024 by Team. StoryG
All rights reserved
Complex Chinese copyright © 2025 MOOK PUBLICATIONS CO. LTD.
Complex Chinese translation rights arranged with OLD STAIRS through
EYA (Eric Yang Agency)